SPORTIF AU NATUREL : DE LA PERFORMANCE À LA RÉCUPÉRATION

Virginie **Peytavi**,
conseillère en phytothérapie

Préface de Loïc **Giorgi**

SPORTIF AU NATUREL : DE LA PERFORMANCE À LA RÉCUPÉRATION

Les 55 plantes et huiles essentielles indispensables

JouVence

De la même autrice chez Jouvence :

Ma phyto au féminin

Dans la même collection aux Éditions Jouvence :

Être en bonne santé grâce au nerf vague, Jean-Marie Defossez

Alimentation sans gluten ni laitages, Marion Kaplan

La Santé par l'eau froide, Philippe Stéfanini
et Myriam Willemse

Catalogue gratuit sur simple demande

Éditions Jouvence
France : BP 90107 – 74161 Saint-Julien-en-Genevois Cedex
Suisse : Route de Florissant, 97 – 1206 Genève
Site Internet : www.editions-jouvence.com
E-mail : info@editions-jouvence.com

ISBN : 978-2-88953-459-3

Couverture : Frank Pitel
Maquette de couverture : Antartik
Mise en page intérieure : Nord Compo
Illustration de couverture : Adobe Stock, © VectoMine
Photographie de l'autrice : © PMBL

Sommaire

Pictogrammes

Bon à savoir

Attention

Recette

Préface

À travers mes expériences passées, et si possible futures, j'ai toujours souhaité montrer que « quand on veut, on peut, si l'on s'en donne les moyens ! ».

Cela signifie que depuis tout jeune, ayant commencé le sport dès l'âge de 6 ans, et en passant par toutes les étapes d'une vie de sportif, j'ai voulu collecter et réussir un maximum d'expériences diverses et variées. Venant de l'athlétisme et du judo, puis du basketball, j'avais à cœur de prouver que le sport, au-delà de l'avantage physique naturel, est une histoire de « cerveau » : c'est bien notre tête qui conditionne notre corps à apprendre, à se motiver, à retenir des informations et des techniques ! C'est à travers ce dogme personnel que s'est fondée ma carrière professionnelle : prouver que l'on peut passer d'une activité à l'autre si l'on s'en donne les moyens !

Tour à tour, judoka, athlète, basketteur de haut niveau (mais de petite taille !), grimpeur, danseur, handballeur, rugbyman, acrobate, comédien, j'ai pu prouver à mon échelle que les idées reçues étaient fausses : nous ne sommes pas contraints à une seule activité.

Pour cela, il faut mettre toutes les chances de notre côté. Cela signifie, évidemment motivation et capacité à absorber de l'information mentale, de la technique physique, inlassablement, jusqu'à atteindre le résultat escompté. Et c'est souvent là que la faille se crée chez la majorité des sportifs de loisir ou amateurs : ne pas suffisamment prendre en compte les facteurs extrinsèques à la pratique elle-même.

Le sommeil, l'entourage familial et amical, et l'alimentation sont des points clés dans l'atteinte de la performance et surtout ensuite, dans son maintien !

Arriver au sommet de son art ou de son sport est considérable, y rester est le plus bluffant alors qu'en dehors de la bulle médiatique, chaque athlète doit faire face à des problèmes personnels familiaux, des naissances, des décès, des blessures, des doutes, des disputes, des procédures, etc.

C'est dans ce contexte que les grands champions se révèlent dans la durée.

Tous les grands sportifs qui ont marqué leur discipline ou leur art pendant plusieurs années ont forcément dû faire attention à ce contexte extérieur, à leur alimentation et au respect de la « machine » corporelle et intellectuelle.

C'est donc dans cette direction que les plantes, les huiles essentielles et les compléments alimentaires sains sont de véritables alliés dans l'atteinte des objectifs !

Ne le perdez jamais de vue, et continuons d'apprendre ensemble…

Loïc **Giorgi** est danseur acrobate professionnel.

Il a travaillé pour différentes compagnies de danse, opéra et théâtre : la Scala de Milan, The Royal Opera House de Londres, le casino Barrière de Toulouse, la compagnie Alain-Gruttadauria, la Licorne de Montpellier, il a été mascotte « Ovalion » du Stade toulousain, le cabaret Le Moulin des roches de Saint-Orens, le Russkashow, le théâtre les 3T de Toulouse, le Cirque du Soleil « Septimo Dia » de 2016 à 2018. Acteur médiatique, finaliste du jeu TV *Ninja Warrior* sur TF1 en 2016, il a incarné le personnage de « la bête » du jeu TV *Boyard Land* sur France 2 (hiver 2020).

Champion du monde de Parkour (Chase Tag) et champion de France 2019, il est actuellement gérant, coach, athlète de Urban Corp (Toulouse) regroupant les disciplines de franchissement d'obstacles (parkour, ninja, escalade, OCR).

Testez vos connaissances

1 – Les plantes comme remèdes naturels

a. sont sans danger

b. ne marchent pas toujours

c. sont efficaces si l'on respecte les bonnes conditions d'utilisation

2 – Une infusion, c'est

a. du pisse-mémé, c'est surtout bien pour faire boire

b. une boisson agréable, surtout le soir

c. un extrait de principes actifs hydrosolubles végétaux

3 – L'aubépine est active sur

a. la sphère hépatique

b. la sphère cardiaque

c. la sphère ostéo-articulaire

4 – Un anabolisant*

a. est un produit dopant interdit qui a commencé à être utilisé dans les années 1940

b. est une substance qui transforme les nutriments en muscles

c. empêche la nabolisation

5 – Le camphre est

a. issu du camphrier

b. issu d'un minéral

c. le résultat d'un mélange de deux substances naturelles

* Les mots suivis d'un astérisque sont expliqués dans le glossaire page 231.

6 – Les polyphénols* sont
a. antioxydants
b. toxiques
c. diurétiques*

7 – L'ortie contient
a. du fer
b. de la vitamine C
c. les deux

8 – Le calcium est apporté dans l'organisme par
a. les produits laitiers uniquement
b. les végétaux
c. les deux

9 – L'arnica est une plante médicinale dont on utilise
a. les fleurs
b. les feuilles
c. l'huile contenue dans les graines

10 – L'EPO est
a. une hormone naturelle produite par les reins et le foie
b. un produit dopant interdit
c. les deux

11 – Une infusion de vigne rouge peut
a. provoquer une ivresse
b. favoriser une bonne circulation sanguine
c. favoriser l'endormissement

12 – Les huiles essentielles peuvent agir
a. au niveau physiologique uniquement
b. au niveau psychique uniquement
c. les deux

13 – Les endorphines* sont des molécules qui agissent

a. sur la sensation de faim
b. finement sur l'endormissement
c. de façon similaire aux opiacées

Réponses

1 – C
2 – C
3 – B
4 – A et B
5 – A
6 – A
7 – C
8 – C
9 – A
10 – C
11 – B
12 – C
13 – C

Introduction

Ce livre est pour les gros, les petits, les grands, les moyens, les forts, les légers, les poids lourds... tous les gabarits divers et variés du sportif !

Pour vous les athlètes qui souhaitez améliorer vos performances et prévenir les risques liés à votre discipline, pour vous les entraîneurs ou les enseignants qui souhaitez apporter un complément à votre métier, et pour vous qui pratiquez un sport ou une activité physique sans que cela soit synonyme de performance intense...

Et spéciale dédicace aux sportifs 2020 !!!

À vous les nouveaux joggers du confinement 1, qui avez découvert les joies du sport à cette occasion, à vous coureurs sur carrelage huilé en cuisine, souleveurs de chiens, « dribbleurs de rouleaux de PQ », cyclistes d'appartement, athlètes de parcours du combattant dans le salon, joueurs de tennis aux fenêtres...

À vous qui avez dû stopper votre activité sportive lors du confinement 1 et 2 et qui devez faire très attention à la reprise.

À vous qui n'avez pas pratiqué de sport mais plutôt de la cuisine et qui avez décidé de vous y mettre après la fin du confinement 2. Et en espérant très fort qu'il n'y aura pas de 3 (ces lignes ont été écrites fin 2020)...

Je vous propose ici un éventail de plantes qui peuvent vous soutenir lors de l'activité sportive, avant, pendant et après, et dans lequel vous pourrez piocher à différents moments et pour différentes raisons.

Les plantes et les huiles essentielles ont indiscutablement un rôle à jouer dans le domaine de la santé et particulièrement dans la pratique sportive. De nombreuses molécules utilisées dans le milieu sportif, comme le menthol et le camphre, sont issues des végétaux. Sous leurs formes synthétiques, elles peuvent causer à la longue des désagréments, voire des effets secondaires gênants. Utiliser la « matière première » végétale permet une action plus globale, une meilleure métabolisation par l'organisme et donc moins d'effets néfastes sur le long terme.

Nous verrons aussi comment les besoins de l'organisme du sportif peuvent être soutenus, en interne, avec des substances puissantes mais pas dangereuses.

Avertissement

Ce livre est un guide pratique pour celles et ceux qui souhaitent s'informer sur les possibilités de soins phytothérapeutiques. L'utilisation des plantes médicinales n'est pas anodine. Toute plante peut interagir avec des médicaments (anticoagulants, diurétiques, médicaments contre l'hypertension artérielle et le diabète, etc.). Avant d'utiliser une plante sous forme thérapeutique ou de complément, vérifiez qu'il n'y a pas de contre-indications.

Sauf sur avis médical, les huiles essentielles ne doivent pas être utilisées chez les femmes enceintes et/ou allaitantes et les enfants.

L'auteur dégage toute responsabilité concernant les conséquences pouvant découler d'une mauvaise utilisation ou d'une utilisation abusive des informations qui figurent dans cet ouvrage.

Quatre questions à Loïc Giorgi, danseur et acrobate

Quels sont les troubles les plus fréquents liés à votre pratique ?

Cela tourne souvent autour de quatre aspects généraux : les inflammations articulaires et tissulaires, les coups/bosses/contusions, la fatigue musculaire ciblée ou généralisée, les traumatismes plus importants, comme les accidents liés aux mauvaises réceptions, aux chocs.

Les inflammations sont dues à l'intensité de la pratique et aux impacts répétés comme lors de la réception de sauts depuis des hauteurs variables, de chutes sur le sol et des surfaces dures. Elles peuvent être de courte ou de longue durée, et sont gênantes dans le maintien du rythme sportif.

Les troubles les plus fréquents sont :

- Les coups/bosses/contusions et traumatismes légers : à chaque entraînement, il y a une part de risque de traumatismes légers, par exemple en venant heurter un peu fort une surface dure, du fait d'un mouvement mal contrôlé.
- La fatigue musculaire liée à l'entraînement intense, généralement ciblé, où les muscles accumulent de l'acide lactique qui crée des courbatures que l'on sent bien les jours suivants.
- Les traumatismes plus importants comme les entorses, fractures, épanchements, luxations. Toutes ces pathologies sont malheureusement courantes dans la pratique des sports dits « à risque » dont font partie le Parkour, la gymnastique, les acrobaties notamment…

En fonction des besoins liés à votre pratique, utilisez-vous des « compléments » ?

J'ai testé pas mal de compléments alimentaires, notamment pour aider à la récupération après l'effort, à mieux se concentrer ou à trouver le sommeil… Ils sont souvent sous forme de gélules à prendre, proposés par des laboratoires pharmaceutiques qui les commercialisent.

Comment les avez-vous connus ?

Chez les sportifs semi-professionnels ou professionnels, la tendance vient souvent de deux contextes : soit le contexte familial ou amical, qui conseille de tester telle ou telle plante, tel ou tel complément en ayant ressenti un bienfait, soit le staff sportif comme les coachs, médecins d'équipe, kinésithérapeutes, masseurs… qui proposent d'essayer ces médecines dites douces pour un travail de fond sur le corps afin de permettre un rendement sportif plus serein en vue du maintien de performances.

Qu'est ce qui est important pour vous ? Que doit, ou que pourrait vous apporter, un complément ?

Ce qui est important pour tout sportif, c'est d'obtenir une bulle de confort pour se focaliser sur ses objectifs sportifs à court, moyen et long terme, que ce soit sur le plan humain (soutien administratif, nutritionnel, technique, médical, etc.) ou sur le plan physiologique et psychologique (l'alimentation, et donc la nutrition sous toutes ses formes). C'est sur ce second plan qu'entrent en ligne de compte les compléments. Ils viennent apporter un soutien physique et physiologique qui permet au corps, *via* les plantes et leurs bienfaits, de soutenir une cadence d'entraînement, d'éviter les douleurs usuelles, d'aider à réparer les traumatismes légers, etc., et sur le plan psychologique, de mieux dormir, de mieux récupérer, de se sentir serein et en confiance avec la conviction d'avoir fait le maximum pour atteindre l'objectif de performance et de maintien de performance.

I. Le corps en mouvement

Selon chacun de nous, le sport peut être un métier, une passion, un loisir, une discipline personnelle, culturelle, une façon de vivre, un rituel de santé, de spiritualité... Quel que soit notre niveau de pratique, le sport sollicite les ressources de notre corps. L'énergie nécessaire et l'implication physique entraînent de nombreuses conséquences bienfaisantes sur notre santé, à condition de respecter notre organisme.

1. Sport et santé

Les bienfaits physiques

On sait que l'activité sportive permet un meilleur métabolisme des lipides et donc une action préventive des maladies cardiovasculaires. Par ailleurs, l'augmentation de la tolérance au glucose permet la réduction des risques de diabète (de type II notamment). L'activité sportive augmente également la qualité de la formation de l'os, et la pratique régulière tout au long de la vie est le meilleur moyen d'éviter l'ostéoporose et les risques de fracture après la ménopause.

Des études démontrent une augmentation de l'espérance de vie de six ans pour les sports d'endurance, de quatre ans pour les sports collectifs (football, etc.) et de deux ans pour les sports type musculation.

Les bienfaits psychiques

La cognition* et la santé mentale sont aussi améliorées par l'exercice physique, qui agit sur l'équilibre émotionnel et l'humeur. Les décharges d'endorphines sont des antidépresseurs naturels qui aident à la stabilisation des émotions et à l'augmentation de l'estime de soi.

Pour les personnes âgées, la pratique d'exercice physique est vivement conseillée afin de prévenir le risque de déficiences cérébrales.

Le bon rythme

Pour les adultes, on recommande une activité physique d'intensité moyenne à vigoureuse (type cardio) de 2 à 5 heures par semaine ou 30 minutes par jour, qui peuvent être fractionnées en tranches de 10 minutes de marche rapide par exemple.

On considère qu'en dehors de la pratique professionnelle, l'activité sportive ne doit pas dépasser 2 heures par jour ; au-delà, la fréquence des accidents augmente.

On peut également différencier activité sportive et exercice physique par l'intensité de la pratique. L'activité sportive implique un objectif de performance, des entraînements soutenus et réguliers. L'exercice physique est moins intense et peut être intégré à une façon de vivre au quotidien, aller à pied ou à vélo plutôt qu'en voiture, par exemple. La pratique d'une activité physique plusieurs fois par semaine est suffisante pour entretenir une bonne santé, nulle obligation d'une pratique intensive.

L'activité physique comprend tous les mouvements corporels produits par les muscles et entraînant une dépense d'énergie.

On peut les classer selon les qualités physiologiques développées : cardiorespiratoires, musculaires, favorisant la souplesse et équilibre.

Les activités qui développent l'aptitude cardiorespiratoire

Ce sont les activités d'endurance qui mobilisent les muscles sur de longues durées : la marche rapide, la course à pied, le cyclisme, le ski de fond, la natation, la danse, l'aviron.

Les activités qui renforcent les muscles

La force, la puissance et l'endurance sont améliorées par l'exercice musculaire. Le travail musculaire des différentes parties du corps (bras, jambes, abdos) peut être effectué avec des outils ou appareils spécifiques (rameurs, haltères) et lors de pratiques comme le vélo, la danse, la natation ou la gymnastique.

Les activités qui développent la souplesse

Les exercices d'étirements maintenus, comme le yoga, le taï-chi ou le Pilates, permettent de travailler la souplesse et la mobilité articulaire.

Les activités d'équilibre

En dynamique (vélo, danse, yoga) ou en statique, les exercices posturaux d'équilibre permettent d'assurer le maintien du corps contre la gravité. Son importance est fondamentale chez les sujets avançant en âge, pour prévenir les risques de chute et le maintien de l'autonomie.

On peut classer les activités selon leur intensité (hors compétition)
Faible : pas d'essoufflement, pas de transpiration (marche, vélo à plat, golf, canoë, ski de descente).
Modérée : essoufflement modéré et faible transpiration, conversation possible (marche, vélo, natation lente, équitation, escrime, patinage, ski nautique).
Élevée : essoufflement marqué et transpiration abondante, conversation difficile (marche rapide, course à pied, vélo, gymnastique, natation, tennis, foot, escalade).
Très élevée : essoufflement très important et transpiration très abondante, conversation impossible (course à pied, cyclisme, natation, squash, plongée sous-marine).
Il est bien sûr recommandé de varier les types et intensités de ces activités.

2. Des effets néfastes ?

L'excès de sport existe autant chez les professionnels que chez les amateurs et peut entraîner des conséquences graves.

Chez les athlètes de haut niveau, cela peut conduire au port de prothèses, à des dérèglements hormonaux, à de l'arthrose, à l'utilisation de produits dopants…

Les accidents

Ils peuvent être la conséquence d'un surentraînement ou de la sollicitation répétée de certaines parties de son corps.

Les amateurs dépassant leur condition physique peuvent être victimes d'accidents graves (cardiovasculaires, traumatologiques). Il apparaît que les amateurs sont plus souvent sujets aux blessures, car ils sont moins préparés physiquement et ne se ménagent pas suffisamment de temps de récupération. Les sportifs de haut niveau sont généralement plus à l'écoute de leur corps et savent s'arrêter s'ils ressentent une douleur ou une gêne inhabituelle. Ils ont toujours de la glace et/ou une pommade anti-inflammatoire dans leur sac et ils consultent rapidement.

La majorité des accidents de sport est due aux sports de balle, comme le foot, et de glisse, comme le ski ou le surf. Ces disciplines sont à l'origine de traumatismes comme les entorses, notamment du genou, dans des proportions variables allant d'un quart à un tiers des accidents.

Sur 7000 cas traités dans le cadre de consultations de traumatologie sportive, on s'aperçoit qu'en ce qui concerne les traumatismes du genou, tous sports confondus, l'entorse arrive en première place. Elle représente 35 % des pathologies du genou, avant les lésions cartilagineuses et/ou méniscales (24 %) à égalité avec les tendinites (23 %)[1].

Les sports de combat (judo, boxe), le rugby, la gymnastique (les sauts périlleux) peuvent causer plus souvent des luxations.

La **pratique répétée précoce** d'un sport unique peut provoquer à la longue des asymétries, des tendinites ou des fractures de fatigue de certains membres, notamment à l'adolescence.

L'addiction au sport

Elle se définit par le dépassement d'un certain seuil (ennui, fatigue, lassitude) pour atteindre le plaisir et la désinhibition par la pratique physique, les endorphines intervenant dans la sensation de bien-être. Certains sportifs peuvent adopter des comportements obsessionnels et compulsifs dans leur rapport au sport (comportement alimentaire, désengagement familial, professionnel, social). Des symptômes de sevrage (manque, anxiété, douleur) apparaissent si l'activité sportive doit être réduite.

Les risques spécifiques féminins

Aménorrhée*, ostéoporose, anorexie peuvent être les conséquences d'une pratique sportive intensive. Le déséquilibre entre l'apport et la dépense d'énergie entraîne des dérèglements hormonaux, comme l'absence de sécrétions d'œstrogènes, augmentant les risques d'ostéoporose.

Au cours du cycle féminin, certains tissus sont plus fragiles et peuvent subir des lésions s'ils sont excessivement sollicités. Certaines sportives professionnelles en ont fait la pénible expérience avec des ruptures successives de tendon par exemple.

Quelques chiffres[2] : l'aménorrhée est présente entre 34 et 79 % chez les danseuses de ballet, 26 % chez les marathoniennes et 12 % pour les nageuses et cyclistes.

Néanmoins, les statistiques montrent que les femmes se blessent moins que les hommes (30 % de fréquence supplémentaire chez les hommes). Celles-ci prendraient moins de risques, car seraient plus à l'écoute de leur corps et de leurs limites.

Le dopage

Pour optimiser sa performance, on peut avoir recours à diverses « aides ergogéniques ». L'utilisation de produits dopants, notamment les dopants artificiels, est considérée comme une tricherie. Les produits dopants interdits sont les anabolisants de synthèse, comme les stéroïdes*, les hormones (EPO, GH, LH, HCG), l'insuline, les bêta-2 agonistes (médicaments utilisés contre l'asthme), les diurétiques, les dopages sanguins et génétiques.

Certaines substances sont interdites seulement lors des compétitions : l'adrénaline, les narcotiques, les cannabinoïdes, les glucocorticoïdes.

Le sportif doit s'assurer lui-même que les médicaments ou suppléments qu'il utilise ne figurent pas sur la liste des substances interdites. Celle-ci n'étant pas exhaustive, toute substance possédant une structure chimique ou un effet pharmacologique similaire est interdite même si elle n'est pas mentionnée explicitement.

Certains sportifs ayant une maladie peuvent avoir une autorisation de consommation de certaines substances, comme les asthmatiques qui doivent prendre un traitement à base de bêta-2 agonistes (qui améliore la fonction respiratoire) et de glucocorticoïdes (antifatigue, anti-inflammatoire, euphorisant), deux substances interdites.

Les conséquences du dopage peuvent être graves : arrêt cardiaque, hémorragie cérébrale, hypertension artérielle, tumeur (notamment du foie et de la prostate), dérèglement hormonal important (stérilité), traumatisme osseux... Ça donne envie, hein ?

3. Le sport chez les enfants et les ados

L'âge et les goûts de l'enfant sont pris en compte pour choisir l'activité sportive. Jusqu'à 8 ans environ, c'est la découverte qui doit primer, la « compète » ne devrait pas exister avant cet âge.

Les sports comme la natation, la danse ou la gymnastique permettent de développer des qualités individuelles. Les enfants plutôt agités et nerveux tireront beaucoup de bénéfices dans la pratique d'un sport collectif qui implique le respect des règles, l'encadrement et la présence des autres.

La spécialisation dans une discipline se réalise généralement vers l'âge de 12 ou 13 ans.

Si l'hygiène alimentaire est équilibrée, il ne devrait pas y avoir de nécessité de supplémenter en vitamines l'enfant ou l'ado sportif. On doit juste faire attention à ce que l'apport d'antioxydants et de vitamines E et D soit suffisant. Il semblerait que les enfants qui pratiquent une activité sportive plus de 5 heures par semaine soient exposés à un risque de déficit en vitamines B1, B2 et B6.

Les activités multidisciplinaires

Certains médecins du sport[3] préconisent que l'activité sportive soit multidisciplinaire à l'adolescence pour permettre un développement de la coordination, la poursuite de croissance plus harmonieuse, contrairement à ce qui pourrait se passer lors de la pratique d'une activité sportive unique. On retarde ainsi les effets néfastes potentiels (asymétrie, tendinite, fracture de fatigue, etc.) provoqués par la pratique répétée d'une même activité.

Des études ont démontré que l'activité physique augmente les résultats scolaires chez les ados. On a comparé les résultats chez un groupe d'étudiants à qui l'on a remplacé 5 heures de cours par du sport, et un autre groupe d'étudiants qui ont gardé les 5 heures de cours. Les résultats étaient nettement plus élevés dans le premier groupe.

Le choix de la pratique d'un sport de haut niveau se fait généralement dans la période de préadolescence, âge de changement et de prise de conscience de soi comme individu. L'entourage de l'ado sportif doit être très soutenant et à l'écoute.

Les traumatismes sportifs de l'enfance

Une vigilance particulière doit être accordée aux cartilages de croissance fragiles, notamment en évitant les excès. Les efforts répétitifs et intenses sont à l'origine d'un surmenage osseux et tendineux, pouvant provoquer des lésions et des fractures. Elles touchent le plus souvent les enfants à partir de 10 ans.

Les sports en cause sont ceux pour lesquels il existe un mouvement précis et surtout répétitif, sollicitant de manière anormale une zone anatomique particulière : course à pied, football, danse, gymnastique artistique ou rythmique…

Si la sollicitation excessive est le premier facteur en cause, la prévention est capitale. Elle passe par l'information des entraîneurs sportifs, mais également des parents, afin de faire comprendre que les activités physiques doivent rester avant tout ludiques, en utilisant un matériel adapté, en respectant la physiologie pédiatrique, afin d'éviter qu'elles ne débouchent sur des complications nuisibles à l'enfant[4].

Avertissement
Les recettes proposées dans cet ouvrage ne sont pas destinées aux enfants. Certaines des huiles essentielles (HE) mentionnées sont interdites ou contre-indiquées chez l'enfant, notamment les HE de :

Menthe poivrée
Basilic
Bouleau jaune
Épinette noire
Gaulthérie
Gingembre
Lavandin
Lentisque pistachier
Poivre noir
Romarin à camphre

…

...
Au chapitre «Les blessures du sportif», vous trouverez des précisions et des recettes spécifiques utilisables sur les enfants.

4. Quelques activités sportives en détail

La course à pied

Elle favorise une bonne endurance, et induit une augmentation du rythme cardiaque et une amélioration de la capacité à soutenir un effort respiratoire régulier.

Elle permet de muscler l'ensemble de la silhouette.

Pratique conseillée : entre 45 minutes et 1 heure, deux fois par semaine. Un petit jogging de 20 minutes trois ou quatre fois par semaine sera aussi, sinon plus, bénéfique qu'une course de 1 heure une fois dans la semaine.

La marche rapide

Elle permet d'entretenir la souplesse des ligaments et des tendons. Elle fortifie le cœur en douceur, et joue un rôle préventif et curatif dans les troubles cardiaques.

Elle permet de muscler et d'affiner les jambes.

Pratique conseillée : entre 45 minutes et 1 heure, deux fois par semaine.

Le vélo

Il permet de ralentir le processus de vieillissement des poumons, d'augmenter les capacités respiratoires et la force de contraction du cœur ; il muscle les fessiers, les quadriceps et les mollets tout en ménageant les articulations des membres inférieurs (sport d'endurance « porté »).

Pratique conseillée : 1 heure, deux fois par semaine.

La natation

Elle entretient la souplesse ; la portance de l'eau permet d'amplifier les mouvements articulaires et de gagner en mobilité. Elle permet également de travailler l'endurance par la variation des modes respiratoires, nez, bouche, et la coordination des membres. De plus, être allongé en apesanteur facilite le retour veineux vers le cœur. La natation, en variant les types de nage, permet de muscler tout le corps de façon symétrique.

Pratique conseillée : 45 minutes, deux ou trois fois par semaine.

Les sports de raquette : tennis, etc.

Ils permettent de travailler la souplesse, l'adresse, la coordination, l'attention et l'anticipation, les extensions et les sauts, l'endurance et la capacité du cœur à s'adapter à des changements de rythmes permanents. La musculation s'effectue pour le haut et le bas du corps mais elle est asymétrique pour les bras.

Pratique conseillée : 45 minutes, deux fois par semaine.

Les sports de combat

Ils permettent la musculation, l'assouplissement, le développement de l'agilité du corps, la gestion des réflexes et la coordination des mouvements. Ils développent l'apprentissage de la gestion des émotions et peuvent aider à évacuer les tensions.

Le judo sollicite l'ensemble de l'organisme, permet de développer la souplesse, la vitesse, la détente, la puissance, la coordination des mouvements et, sur le plan psychologique, la maîtrise de soi et la concentration. Il induit la résistance à l'effort et l'endurance.

La boxe permet de travailler le cardio et le renforcement musculaire; les exercices liés à la boxe, comme la corde à sauter ou les enchaînements de frappes rapides, favorisent l'endurance cardiovasculaire.

Les sports d'équipe

Ils développent, en plus de la musculation, de la résistance et de l'endurance, la coopération, l'attention, l'adresse, le sens tactique, la discipline et la rapidité.

Le foot permet de muscler les jambes, induit un cœur solide pour le soutien de l'effort intense accompagné de brusques accélérations du rythme lors des matchs.

Le rugby permet de développer aussi la résistance à l'effort et à la douleur, la puissance, la rapidité de placement et d'équilibre.

Le basket, moins violent, permet de développer l'endurance, la maîtrise de soi, le sens de l'observation et l'adresse.

La gymnastique

Plusieurs disciplines spécifiques permettent de travailler et d'entretenir les articulations. Toutes permettent le développement psychomoteur, neuromusculaire et le sens de l'orientation dans l'espace.

Le trampoline, l'aérobic et l'acrobatie renforcent le système cardiovasculaire et pulmonaire.

L'aviron

Il permet de travailler la force de tous les muscles du corps y compris du cœur (qui fournit un effort soutenu), et l'endurance.

Toutes les disciplines sont à pratiquer à une fréquence adaptée à l'âge et à la forme physique du pratiquant. Idéalement, les entraînements doivent être réguliers et progressifs.

II. Les plantes et huiles essentielles (HE) qui accompagnent le sportif

Elles existent aujourd'hui sous des formes variées, dont certaines sont beaucoup plus pratiques que d'autres, notamment dans le cadre d'une pratique sportive.

Même s'il est clair que savoir prendre le temps de se préparer une infusion, en choisissant ses plantes avec patience et conscience, participe à l'entretien de notre santé et à l'équilibre de notre état global, on est contents quand il nous suffit de mélanger à de l'eau quelques gouttes d'une « potion » que d'autres ont pris soin de réaliser avec les bons dosages.

1. Pourquoi utiliser les plantes médicinales ?

Une plante médicinale renferme des molécules thérapeutiques actives bien identifiées (tanins*, flavonoïdes*, terpènes, coumarines*, alcaloïdes*, saponosides*, huiles essentielles, etc.). Ces molécules se combinent et agissent sur les différents systèmes de notre organisme. Une **seule plante contient de nombreuses molécules différentes** et donc de principes actifs potentiels. Ainsi, on trouve parfois de très nombreuses propriétés et indications distinctes pour une seule et même plante. Par exemple, pour la camomille noble (ou romaine) *Chamaemelum nobile*, on trouve des propriétés à la fois anti-inflammatoires, antispasmodiques* et sédatives. C'est la **synergie*** créée par l'association de ses différents composants qui rend la plante efficace, c'est ce que les phytothérapeutes appellent le ***totum***. Cette notion est importante car elle permet de comprendre la différence d'action entre un extrait naturel et une molécule chimique isolée. C'est aussi cette synergie qui permet d'éviter les effets secondaires provoqués par la prise d'une molécule unique (comme avec un médicament) dont la métabolisation est plus compliquée pour notre organisme.

On connaît par exemple les effets secondaires néfastes des anti-inflammatoires non stéroïdiens, comme l'aspirine, au niveau du système digestif. Ceux-ci n'existent pas chez la reine-des-prés (dont les salicylés sont à l'origine de la fabrication de l'aspirine). La somme de ses composants, et notamment la présence de tanin, inhibe le potentiel agressif des dérivés salicylés qu'elle contient sur la muqueuse digestive.

Aujourd'hui, 70 % de nos médicaments proviennent directement des plantes ou en sont dérivés. Les plantes sont la base, la matière médicale la plus répandue, la plus ancienne et la plus moderne dans le domaine pharmacologique.

À propos de l'usage des plantes médicinales, on entend, de nos jours encore, des termes comme « médecine douce » ou « médecine alternative »... Est-ce à dire qu'il existe une médecine dure ? des maladies douces ? ou qu'une discipline se pratiquerait en concurrence avec une autre ?

C'est aujourd'hui incontournable, **la phytothérapie doit s'inscrire dans une démarche complémentaire**, et être intégrée à la pratique médicale globale.

D'autre part, les plantes (les végétaux dans leur ensemble) sont les seules à jouer un rôle très important **dans la prévention**, qui consiste à favoriser et **stimuler les mécanismes de défense naturels**. Les médicaments n'interviennent, eux, qu'après l'apparition des symptômes...

L'utilisation avisée des plantes dans le domaine de la santé peut apporter une réponse aux problèmes de surconsommation de molécules synthétiques, aussi bien pour la santé individuelle que pour l'environnement.

Prendre soin de soi, c'est aussi prendre ses responsabilités vis-à-vis de la planète.

2. Comment les utiliser ? Les différentes formes

Les molécules végétales peuvent être solubles dans l'eau (hydrosolubles), dans l'huile (liposolubles) ou encore dans l'alcool. Il existe donc différents procédés permettant d'extraire les principes actifs.

De l'infusion aux gélules en passant par les extraits fluides, secs, mous… il existe de nombreuses **formes galéniques** permettant de bénéficier de l'activité thérapeutique des plantes.

Les formes liquides

Les infusions de plantes médicinales

L'infusion est le mode d'extraction optimal des substances hydrosolubles végétales. Ces molécules que l'on retrouve donc dans une infusion sont les flavonoïdes, les substances amères, les vitamines, les saponines*, les polysaccharides*, les tanins, les sels minéraux, les alcaloïdes et certaines fractions d'huiles essentielles (celles-ci disparaissent lors d'une décoction).

Une tasse d'infusion équivaut à 3 à 5 gélules de poudre de plante. À condition de respecter le bon dosage pour obtenir une concentration satisfaisante, **l'efficacité des infusions n'est plus à démontrer**. La pharmacopée française en précise les conditions de réalisation et les recommandations de consommation.

Comment faire une infusion dans les règles de l'art ?
On dépose la plante ou le mélange de plantes dans un récipient. On évite le métal oxydable (fer, aluminium). On verse dessus de l'eau (peu minéralisée si possible), frémissante plutôt que bouillante. Certaines plantes, comme la reine-des-prés, sont idéalement infusées à une température n'excédant pas 60 °C.
On laisse infuser en moyenne 15 minutes, puis on filtre. L'infusion doit être consommée dans la journée, elle ne se conserve pas plus de 24 heures au frigo.

La décoction

Cette méthode est réservée aux parties dures comme les racines ou les graines. On introduit les parties de la plante dans l'eau froide, dans une casserole en inox, que l'on couvre. On porte le tout à frémissement pendant environ 10 minutes.

On éteint le feu, on laisse encore infuser de 10 à 15 minutes, puis on filtre.

Les infusions et décoctions de plantes sont généralement destinées à être bues mais on peut aussi profiter de leurs bienfaits sous forme de bain, d'inhalation, de lotion pour compresse…

À quel dosage ?

Le dosage permettant d'obtenir une **infusion médicinale** est en moyenne de 20 à 30 g de plante ou de mélange de plantes par litre d'eau (soit de 3 à 5 g par tasse). On considère que les dosages inférieurs à 20 g pour un litre permettent d'obtenir une infusion dite de confort.

Pendant combien de temps ?

Ponctuellement ou pendant quelques jours en cas de constipation, de digestion difficile, de ballonnements, de refroidissement…

En cure ponctuelle (3 semaines) pour la circulation sanguine, le drainage hépatique, les périodes de stress…

En cure régulière en ménageant des pauses (3 semaines de cure, une semaine de pause), pour des problèmes plus installés comme l'hypertension, les douleurs rhumatismales.

L'usage thérapeutique est généralement de 2 à 3 tasses par jour, de préférence pas trop rapprochées des repas. On peut recommander jusqu'à 4 à 6 tasses par jour dans certains cas.

Les teintures

La macération de la plante dans l'alcool permet d'obtenir la teinture mère (TM) ou la teinture, selon le degré d'alcool. La teinture mère, que l'on trouve en pharmacie et parapharmacie, est réalisée avec un taux d'alcool de 95°, et la plante est utilisée fraîche. C'est la souche de départ des dilutions homéopathiques.

Dosages

Les teintures mères se dosent en nombre de gouttes, généralement 25 gouttes, 3 fois par jour, diluées dans un verre d'eau.

La quantité d'alcool ingérée est faible, une centaine de gouttes de TM équivaut à moins d'un centimètre de vin au fond d'un verre.

Elles peuvent être prises unitairement ou en mélange.

Les SIPF et les EPF

Ce sont des procédés mis au point par des laboratoires. Ils ont comme point commun le cryobroyage* de la plante à une température de –196 °C.

Les ajustements de la concentration en alcool, de stabilisation du produit, etc. diffèrent d'un procédé à l'autre.

SIPF (suspensions intégrales de plantes fraîches) : la posologie est généralement d'une cuillerée à café dans un verre d'eau, jusqu'à 3 fois par jour. On en trouve également en ampoules.

EPS (extrait de plante standardisé) : la posologie est généralement d'une cuillerée à café dans un verre d'eau, à prendre le matin ou le soir selon l'objectif (endormissement par exemple).

D'autres extraits fluides (EF) existent. Dans tous les cas, se reporter à la posologie indiquée sur le flacon selon la nature de l'extrait.

Le macérat glycériné

Utilisés en **gemmothérapie**, une branche de la phytothérapie, les tissus embryonnaires des végétaux (jeunes pousses et bourgeons) sont mis à macérer dans un mélange d'eau, d'alcool et de glycérine.

Ces tissus possèdent les potentiels de développement de la plante adulte (facteurs de croissance, acides aminés et protéines de structure, vitamines, etc.). Les principes actifs sont parfois plus concentrés dans le bourgeon que dans la plante adulte, comme dans le cas du cassis.

Il existe deux sortes de macérats de bourgeons. Le macérat mère et le macérat 1D qui, lui, est dilué. Le nombre de gouttes à prendre est fonction du type de macérat.

Dosages

Pour le macérat mère, il faut compter de 5 à 15 gouttes par jour, en une ou deux fois.

Le macérat 1D, dilué, nécessite un dosage plus important en nombre de gouttes, entre 50 et 150 par jour. Les bourgeons se prennent généralement en cure de 3 semaines.

Les hydrolats (HA)

Lors de la distillation de plantes aromatiques en alambic, on obtient deux produits : les huiles essentielles (HE) et les hydrolats (HA) (ou eaux aromatiques). C'est le reste de la vapeur d'eau recondensée et chargée de molécules aromatiques qui fournit l'hydrolat. Il possède généralement des vertus assez similaires (mais pas forcément identiques) à celles des HE correspondantes mais en beaucoup plus doux et surtout sans les risques de toxicité liés aux HE (on parle d'ailleurs parfois d'homéopathie de l'aromathérapie).

Il existe autant d'hydrolats que d'huiles essentielles ; ainsi, on peut trouver de l'hélichryse, du basilic ou encore de l'eucalyptus sous cette forme.

Dosages

Les hydrolats se prennent généralement à raison d'une cuillerée à soupe dans un grand verre d'eau 2 ou 3 fois par jour, ou de 3 à 4 cuillerées à soupe dans un litre à boire dans la journée.

Les huiles essentielles (HE)

Par voie orale, il faut être extrêmement vigilant avec les huiles essentielles, la plupart ne se prennent sous cette forme que sur avis médical. Elles seront utilisées très ponctuellement et sur de courtes durées (de 2 à 3 jours). Elles peuvent être extrêmement utiles dans certains cas. *Voir page 96 Les huiles essentielles.*

Dosages

Généralement, 1 ou 2 gouttes sur un support (morceau de sucre de canne, huile végétale, miel, comprimé neutre). Jusqu'à 6 gouttes par jour en moyenne.

Les formes solides

Les gélules, capsules, comprimés

Ils contiennent de la poudre de plantes entières pulvérisées ou un extrait sec, plus concentré. Elles doivent faire l'objet d'une attention particulière quant aux ingrédients. Vérifiez qu'elles contiennent bien la ou les plantes, bio si possible, à un dosage correct.

Cette forme est intéressante pour certaines plantes comme la prèle, le lithothamne (une algue riche en calcium) ou l'ortie, dont les principes actifs, minéraux notamment, ne sont pas tous solubles dans l'eau. Il faut donc consommer la plante entière pour bénéficier de ses vertus reminéralisantes.

Peut-on mélanger les plantes entre elles ?

C'est même vivement recommandé !

On crée une synergie en mélangeant plusieurs plantes à actions thérapeutiques complémentaires. Ainsi certains effets peuvent être potentialisés : sédatifs, spasmolytiques*, anti-inflammatoires, circulatoires…

Pour un effet sédatif global, on utilise des plantes agissant à différents niveaux : mélisse (antispasmodique) + passiflore (inducteur de sommeil) + aubépine (calmante du rythme du cœur).

Certaines plantes peuvent être utilisées seules, c'est la définition d'un remède simple. Ce peut être le cas par exemple de la menthe, de la mélisse, du thym, de la camomille… pour leur action ciblée.

Précautions d'emploi

Les plantes ne sont pas inoffensives. Malheureusement, l'idée persiste encore trop que « puisque c'est naturel, ça ne peut pas faire de mal »…

Un bon exemple est celui des plantes à alcaloïdes, celles qui donnent des médicaments qui finissent en « ine », morphine (du pavot *Papaver somniferum*), strychnine (de la noix vomique *Nux vomica*), atropine (de la belladone *Atropa belladonna*)… Ce sont des molécules pharmacologiquement très actives qui peuvent être extrêmement toxiques selon le type, la concentration

▪▪▪

dans la plante, la quantité ingérée et la forme d'ingestion. L'ingestion de baies de belladone, de graines du fruit de l'if ou de racine d'aconit, entraîne la mort!

Une des précautions importantes dans l'utilisation des plantes médicinales est de respecter la posologie. C'est-à-dire de ne pas abuser d'une plante en fréquence ou en quantité. On évitera ainsi de consommer trois litres d'infusion par jour…

Comme dans tous les domaines, c'est l'excès qui peut nuire. «Tout est poison, rien n'est poison, c'est une question de dose.» Certaines plantes, même les plus douces, pourraient à dose excessive devenir source d'effets indésirables. Sans devenir toxiques à proprement parler, elles pourraient causer une modification, voire une inversion, des effets souhaités. Quoiqu'il faudrait abuser véritablement pour atteindre un dosage trop élevé! Une consommation régulière à dose normale n'expose pas à des risques de surdosage.

Pour être certain de se faire du bien, et uniquement du bien, il est recommandé de faire des pauses dans la prise de plantes. La pratique des phytothérapeutes prévoit la consommation des plantes sous forme de cures avec des pauses régulières pour une plante ou un mélange de plantes donné. En général, on ménage un arrêt d'une semaine toutes les trois semaines de prise.

Certaines plantes peuvent également être contre-indiquées

Les plantes riches en œstrogènes, comme la sauge ou le houblon, sont à éviter si l'on a un terrain à risque de cancer hormono-dépendant. La réglisse est contre-indiquée aux personnes sujettes à l'hypertension. Le millepertuis interagit avec certains médicaments; par son action enzymatique, il accélère la dégradation des molécules médicamenteuses comme les immunosuppresseurs, les antirétroviraux, les anticoagulants, les contraceptifs oraux et les antidépresseurs. L'efficacité de ces médicaments se trouve donc réduite.

3. L'herboristerie du sportif

Voici quelques plantes qui me semblent intéressantes voire incontournables dans la pratique sportive. Que ce soit pour leurs propriétés sur la sphère physiologique ou psychique, les plantes que je propose ont toutes fait l'objet d'études quant à leurs activités thérapeutiques.

D'une manière générale, si vous prenez des médicaments, vérifiez toujours auprès de votre médecin que vous pouvez prendre des plantes.

Achillée millefeuille - *Achillea millefolium*

Noms communs : herbe aux militaires, herbe aux coupures, sourcils de Vénus

Famille botanique : Astéracées

Partie de la plante utilisée : les sommités fleuries

Constituants

L'achillée millefeuille renferme des lactones sesquiterpéniques, des flavonoïdes (apigénine, lutéoline), qui lui conféreraient son activité antispasmodique, des coumarines, des alcaloïdes comme l'achilléine (un agent hémostatique), des tanins et une huile essentielle à azulène (antiallergique).

Propriétés et indications

Elle possède des effets **anti-inflammatoires marqués sur les muscles lisses et la musculature striée squelettique**. Elle est efficace dans les suites de traumatismes ou de contractures douloureuses chez les sportifs. Elle a une action de détoxification du muscle. Elle possède des **propriétés spécifiques pour les femmes**. Elle est active sur les déséquilibres hormonaux à tous les âges, de la puberté à la ménopause. **Antispasmodique** des muscles lisses de l'utérus, elle régule les cycles menstruels, soulage la douleur et réduit les saignements. Emménagogue*, elle stimule le flux sanguin dans la région pelvienne et l'utérus. Au niveau digestif, elle soulage les spasmes abdominaux, les crampes d'estomac et les inflammations des muqueuses digestives. Cicatrisante et hémostatique, l'achillée est la plante du sang, de la circulation et de la **tonicité des tissus**.

Modes d'utilisation

En interne

- **Infusion**

30 g par litre d'eau ou une poignée par tasse, de 2 à 3 tasses par jour.

- **Teinture mère**

Généralement, de 20 à 30 gouttes, 3 fois par jour.

- **Autre extrait fluide (SIPF, EPS, alcoolatures)**

Voir la posologie indiquée selon la forme d'extrait.

- **Hydrolat**

Une cuillerée à soupe dans un grand verre d'eau, 2 ou 3 fois par jour, ou de 3 à 4 cuillerées à soupe dans un litre à boire dans la journée.

Contre-indication

Ne pas utiliser pendant la grossesse car elle tonifie les contractions utérines.

Aloès - *Aloe vera* ou *Aloe barbadensis*

Nom commun : Aloès des Barbades

Famille botanique : Aloéacées

Partie de la plante utilisée : le gel contenu dans les feuilles

Constituants

Le gel transparent situé dans la partie centrale de la feuille, très riche en eau, renferme des polysaccharides, des acides aminés, des stérols, des lipides, des minéraux, des vitamines et des enzymes.

Propriétés et indications

Le gel est un **puissant cicatrisant, anti-infectieux et anti-inflammatoire**. En externe, il s'utilise sur les brûlures, coups de soleil, coupures, démangeaisons. Il apaise les peaux desséchées, rouges et irritées. En interne, il apaise les inflammations des muqueuses digestives notamment en cas de gastrite.

Modes d'utilisation

En externe

Constitué d'eau à 99%, c'est un remarquable **agent hydratant,** très pénétrant, qui laisse un film protecteur sur la peau. C'est un support très intéressant pour la dilution des huiles essentielles. Il permet une application sur des surfaces étendues. Mais attention, car **il entraîne une pénétration totale des HE**, comme si on les mettait pures. On doit donc doser au plus juste.

En interne

Le gel ou pulpe d'aloès à boire agit favorablement sur le **système digestif** et élimine les toxines.

Précision

Le gel que l'on trouve dans le commerce, vendu en tube, est à visée cosmétique pour l'usage externe ; assurez-vous qu'il ne contient pas trop de conservateurs ou d'alcool.

Le gel à boire se trouve en bouteille et doit être idéalement non chauffé, non pasteurisé et biologique.

Contre-indication

Pas de contre-indication

Arnica - *Arnica montana*

Noms communs: plantain des Alpes, herbe aux chutes, tabac des Vosges ou tabac des Alpes

Famille botanique: Astéracées

Partie de la plante utilisée: la fleur

Constituants

L'arnica contient des lactones sesquiterpéniques (hélénaline) qui agissent contre l'agrégation des plaquettes sanguines et l'inflammation des tissus. Il contient également des flavonoïdes, des caroténoïdes*, des acides phénols et des coumarines. On y trouve également des huiles essentielles à phénols, mono et sesquiterpènes, et un alcaloïde.

Propriétés et indications

C'est un **antiœdémateux, antihémorragique, antiecchymose** de premier ordre. Il possède des propriétés anti-inflammatoires, antalgiques et antinévralgiques. L'arnica s'utilise **uniquement en usage externe** (sauf sous forme de granules en homéopathie); une poignée de fleurs peut être mortelle! On l'utilise pour soulager les **chocs, les traumatismes** sans plaie, les contusions, les coups et blessures sans écoulement de sang, les troubles musculaires et articulaires, les contractures, les hématomes même profonds.

Modes d'utilisation

En externe

- **L'huile d'arnica** est obtenue par macération de la plante dans une huile végétale.

Elle est utilisée seule ou comme excipient des huiles essentielles pour les applications locales et les massages sur les zones douloureuses.

- **Teinture mère**

Appliquer plusieurs fois par jour des compresses imbibées de teinture d'arnica diluée à 20% dans de l'eau tiède.

Contre-indications

Très toxique, ne jamais utiliser en interne.

Éviter l'application sur les plaies.

Ashwagandha - *Withania somnifera*

Nom commun : Ginseng indien

Famille botanique : Solanacées

Partie de la plante utilisée : les racines

Constituants

Elle contient des lactones, des alcaloïdes, des flavonoïdes, des sels minéraux, des oligoéléments, du fer, une huile grasse et de l'huile essentielle.

Propriétés et indications

Ce serait **l'une des plus puissantes des plantes adaptogènes***. Elle est tonique, aphrodisiaque, immunostimulante, sédative, anxiolytique, hypotensive, anti-inflammatoire, antirhumatismale. Fortifiante de l'organisme, elle est utile dans des périodes d'asthénie*, de manque de sommeil, de surmenage, de déprime ; elle apporte vitalité et endurance. Elle agit sur les dérèglements surrénaux causés par le stress, elle est donc surtout indiquée en **phase de résistance**, de fatigue et d'épuisement. Dans le domaine sportif, elle est utile pour le développement et la récupération musculaire, associée à la spiruline.

Modes d'utilisation

En interne

Commencer par les doses les plus faibles et augmenter petit à petit. Comme toutes les plantes adaptogènes, il lui faut plusieurs semaines pour agir.

- **En poudre**

C'est la racine sèche pulvérisée.

La dose recommandée est de 600 mg à 1 g, 2 fois par jour, à mélanger à un liquide ou dans l'alimentation.

- **Gélules**

De 2 à 4 par jour selon le dosage de l'extrait.

- **Teinture mère**

Généralement, 25 gouttes, 3 fois par jour.

Contre-indications

Elle est déconseillée en cas d'hyperthyroïdie.

Ne pas consommer lors de la grossesse ni pendant la période d'allaitement.

À forte dose, elle peut avoir un effet hypnotique.

Aubépine - *Crataegus monogyna*

Noms communs : épine blanche, épine de mai, aubépin

Famille botanique : Rosacées

Parties de la plante utilisées : les sommités fleuries et les baies

Constituants

Elle contient divers polyphénols, des flavonoïdes, des acides phénols, des acides triterpéniques et des amines aromatiques cardiotoniques (tyramine, éthylamine, choline, acétylcholine).

Propriétés et indications

Sympatholytique* (qui freine le système sympathique) de tropisme cardiaque, l'aubépine est LA plante du cœur. Elle **améliore la résistance à l'effort**, apporte à la fois détente et rythme. Elle accentue la force de **contraction du muscle cardiaque** ; elle augmente la vitesse de conduction de l'influx nerveux des fibres musculaires myocardiques ; elle ralentit la fréquence et diminue l'excitabilité cardiaque anormale. Elle améliore le débit coronarien et l'irrigation du myocarde. Elle est **hypotensive** par diminution des résistances périphériques. Indiquée dans l'insuffisance cardiaque, coronarienne, l'hypertension artérielle d'origine neurotonique (tachycardie, tremblements, sentiment d'énervement), elle est précieuse chez les sujets **hyperactifs et surmenés**, les hyperémotifs, les angoissés sujets aux palpitations et aux troubles du sommeil. Elle agit **comme un bêtabloquant***, sans effet de saturation des récepteurs, que l'on peut utiliser dans les situations de stress avec palpitations et oppression thoracique.

Modes d'utilisation

En interne

- **Infusion**

Une grosse pincée des sommités fleuries par tasse, de 2 à 3 tasses par jour.

- **Teinture mère**

Généralement, de 10 à 20 gouttes, 3 fois par jour.

- **Autre extrait fluide (SIPF, EPS, alcoolatures)**

Voir la posologie indiquée selon la forme d'extrait.

- **Gemmothérapie**

Généralement, 5 gouttes par jour en 3 prises, en augmentant progressivement le nombre de gouttes jusqu'à 15 au maximum.

...

À savoir

Les résultats durables de l'aubépine ne sont visibles qu'après au moins deux mois d'utilisation.

Une bradycardie (cœur qui bat trop lentement) peut survenir chez certaines personnes.

Contre-indication

Pas de contre-indication

Aubépine en fleurs

Ballote - *Ballota nigra*

Noms communs : ballote puante, marrube fétide, marrube noir

Famille botanique : Lamiacées

Parties de la plante utilisées : les sommités fleuries

Constituants

On trouve dans la ballote des polyphénols, des glucosides phénylpropanoïques qui lui confèrent ses propriétés antioxydantes et neurosédatives. Elle contient aussi des lactones diterpéniques, des dérivés furaniques (ballotenol, ballotinone) et des flavonoïdes.

Propriétés et indications

La ballote est une plante qui agit sur les **troubles nerveux** à forte participation émotionnelle. Antispasmodique, légèrement hypotensive, sédatif nerveux et anxiolytique, elle est particulièrement utile dans les symptômes comme l'irritabilité et la déprime. Elle est indiquée également dans les **insomnies nerveuses** de l'adulte et de l'enfant, où elle est souvent associée à d'autres plantes sédatives comme la passiflore et la valériane.

Modes d'utilisation

En interne

• **Teinture mère**

Les principes actifs de la ballote sont plus solubles dans l'alcool que dans l'eau, et puis l'infusion n'est pas très bonne à la dégustation…

Généralement, 25 gouttes, 3 fois par jour avant les repas.

En cure de deux semaines.

• **Autre extrait fluide (SIPF, EPS, alcoolatures)**

Voir la posologie indiquée selon la forme d'extrait.

Contre-indications

Elle est à éviter en usage continu ; on peut alterner avec d'autres plantes à visée sédative.

Camomille noble - *Chamaemelum nobile* ou *Anthemis nobilis*

Nom commun : camomille romaine

Famille botanique : Astéracées

Partie de la plante utilisée : la fleur

Constituants

La camomille noble contient des lactones sesquiterpéniques (nobiline), lui conférant son amertume, de l'huile essentielle, majoritairement à esters comme l'angélate d'isobutyle (neurotoniques et rééquilibrants nerveux), des acides phénols et des flavonoïdes.

Propriétés et indications

Elle est **anti-inflammatoire, antioxydante et antispasmodique**. Elle est **active sur le système nerveux central**, sur lequel elle a une action **tranquillisante et sédative**. Elle est indiquée dans les troubles digestifs (brûlure d'estomac, dyspepsie, nausée), les dysménorrhées et l'hypersensibilité. Ses propriétés **anti-inflammatoires et adoucissantes** sont précieuses également en externe dans les affections dermatologiques (gerçure, ulcération y compris de la bouche) sous forme de lotion (hydrolat ou infusion) pour application cutanée, compresses oculaires, et en bains.

L'huile essentielle (HE) de la camomille noble possède des vertus très apaisantes, efficaces dans les états de stress, angoisses et insomnies (voir page 112 Huiles essentielles du sportif).

Modes d'utilisation

En interne

- **Infusion**

De 15 à 20 g de fleurs par litre ou de 5 à 10 fleurs par tasse, 2 à 3 tasses par jour.

- **Teinture mère**

Généralement, 25 gouttes, 3 fois par jour.

- **Hydrolat**

Une cuillerée à soupe dans un grand verre d'eau, 2 ou 3 fois par jour, ou de 3 à 4 cuillerées à soupe dans un litre à boire dans la journée.

En externe

- **Infusion ou hydrolat**

Calmante des inflammations oculaires ou cutanées et adoucissante des peaux sèches et réactives, la camomille noble peut s'utiliser sous forme d'hydrolat ou d'infusion (un peu plus concentrée) en compresse sur les zones à traiter.

Contre-indication

Pas de contre-indication

Cassis - *Ribes nigrum*

Noms communs : cassissier, groseillier noir, gadellier noir

Famille botanique :
Grossulariacées

Parties de la plante utilisées :
la feuille et le bourgeon

Constituants

La feuille de cassis est riche en acides organiques, en polyphénols (flavonoïdes, tanins) et contient une huile essentielle mono et sesquiterpénique (active dans les pathologies artérielles).

Les bourgeons contiennent également de l'huile essentielle, des acides aminés, des minéraux et des flavonoïdes.

À savoir

Le fruit renferme des acides organiques, des flavonoïdes, des tanins, des anthocyanes (lui conférant sa belle coloration), de la pectine, du phosphore, du fer, du calcium, des vitamines A, E, B et de la vitamine C dont il détient le record des fruits français. Il est antioxydant piégeur de radicaux libres, vasculo-protecteur et veinotonique ; il diminue la perméabilité des capillaires et renforce leur résistance. Il est traditionnellement consommé en cas de diarrhées, maux de gorge et infections respiratoires.

Propriétés et indications

La feuille de cassis est antiradicalaire, anti-inflammatoire, antihistaminique, analgésique périphérique et diurétique puissant qui permet d'éliminer l'acide urique et l'urée. On l'utilise dans les rhumatismes dégénératifs, les douleurs articulaires, l'arthrose et dans les allergies, l'asthme, l'urticaire...

Les bourgeons sont adaptogènes, stimulants et ils renforcent la résistance au froid. Le macérat glycériné de bourgeons de cassis est l'un des plus prescrits en gemmothérapie. Il est stimulant de la production de cortisol par les glandes surrénales. Son action anti-inflammatoire serait égale au tiers de celle de la cortisone.

Modes d'utilisation

En interne

- **Gemmothérapie**

Macérat glycériné du bourgeon

Si c'est le macérat 1D, une cuillerée à café le matin, environ 100 gouttes, la glande surrénale étant à son maximum d'activité en début de journée, puis 50 gouttes le midi (en fonction de la douleur, de la pathologie).

...

Si c'est le macérat mère, la posologie est de 5 à 15 gouttes par jour, en respectant le même principe chronobiologique.

- **Teinture mère** (des feuilles)
100 gouttes par jour.

- **Infusions de feuilles**
30 g par litre, ou une grosse poignée par tasse, de 3 à 4 tasses par jour.

- **Hydrolat**
C'est juste un délice…

Une cuillerée à soupe dans un grand verre d'eau, 2 ou 3 fois par jour, ou de 3 à 4 cuillerées à soupe dans un litre à boire dans la journée.

On peut l'utiliser aussi en lotion cutanée pour tous les types de peau.

Contre-indication

Pas de contre-indication

Curcuma - *Curcuma longa*

Nom commun : Safran indien

Famille botanique : Zingiberacées

Partie de la plante utilisée : le rhizome*

Constituants

Les curcuminoïdes (curcumine) sont les pigments jaunes qui colorent le rhizome et les principes actifs majeurs, puissamment anti-inflammatoires. Le curcuma contient également de l'huile essentielle, des polysaccharides et des mucilages.

Propriétés et indications

Anti-inflammatoire puissant, actif sur les **inflammations articulaires, musculaires ou tendineuses**, son activité anti-inflammatoire a été démontrée par l'action de ses principes actifs sur la synthèse des prostaglandines* et l'inhibition de la réponse aux stimulations inflammatoires. Il agit également sur les inflammations digestives notamment les ulcères gastriques provoqués par le reflux. C'est aussi un **antioxydant majeur** qui protège des radicaux libres et un grand protecteur hépatique et rénal.

Modes d'utilisation

En interne

- **Poudre**

Mélangée aux aliments.

Généralement, 1 cuillerée à café, 3 fois par jour.

Elle doit être associée à une petite quantité de poivre pour en augmenter l'absorption, sauf si inflammation digestive.

- **Gélules de poudre de la plante**

Environ 500 mg pour une gélule.

Généralement, de 3 à 6 gélules par jour.

- **Teinture mère**

Généralement, 25 gouttes, 3 fois par jour.

- **Autre extrait fluide (SIPF, EPS, alcoolatures)**

Voir la posologie indiquée selon la forme d'extrait.

Contre-indications

Le curcuma peut interagir avec les traitements anticoagulants.

Échinacée - *Echinacea purpurea* ou *Echinacea angustifolia* ou encore *Echinacea pallida*

Nom commun : rudbeckia pourpre

Famille botanique : Astéracées

Parties de la plante utilisée : la racine et la fleur

Constituants

L'échinacée contient des polysaccharides (stimulant les lymphocytes) et des alkylamides (stimulant l'activité phagocytaire des macrophages). Elle contient également des composés phénoliques (d'action antivirale), de l'huile essentielle (humulène, échinolone) et des alcaloïdes.

Propriétés et indications

C'est la plante immunostimulante par excellence. Ses composants agissent en synergie et lui confèrent une **action globale sur l'immunité**. Elle possède également une activité cicatrisante et participe à la restauration du tissu conjonctif en s'opposant à la destruction de l'acide hyaluronique. Elle agit aussi bien en prévention des infections bactériennes ou virales qu'en curatif ou elle potentialise les autres thérapeutiques. La durée d'utilisation de l'échinacée est très précise car un traitement excessif et prolongé peut induire une immunodépression.

En préventif, on peut la prendre 10 jours par mois sur plusieurs mois, l'hiver notamment.

Modes d'utilisation

En interne

• **Infusion des parties aériennes ou décoction de racines**
En cas de grippe et de refroidissement.
Adulte : 50 g par litre.

• **Teinture mère**
Généralement, 25 gouttes, 3 fois par jour.

• **Autre extrait fluide (SIPF, EPS, alcoolatures)**
Voir la posologie indiquée selon la forme d'extrait.

Contre-indications

L'échinacée ne doit pas être utilisée dans les maladies auto-immunes.

La durée d'utilisation ne doit pas être excessive ni prolongée plus de huit semaines, elle pourrait alors induire une immunodépression (baisse des défenses immunitaires).

Éleuthérocoque - *Eleutherococcus senticosus*

Nom commun : ginseng de Sibérie

Famille botanique : Araliacées

Partie de la plante utilisée : les racines

Constituants

Il contient des hétérosides* (éleuthérosides), des vitamines, des acides aminés, des lignanes et des coumarines.

Propriétés et indications

Plante adaptogène, l'éleuthérocoque contribue à une **meilleure résistance à la fatigue** et augmente les capacités physiques et mentales. Elle permet d'augmenter la vitesse d'exécution et l'apport d'oxygène au cours de l'exercice. Elle est particulièrement adaptée aux **sports d'endurance**, aux périodes de forte sollicitation et de convalescence. Elle est très utilisée dans les pays de l'Est, pour renforcer la résistance chez les athlètes, les alpinistes, les plongeurs en haute mer, les cosmonautes…

Modes d'utilisation

En interne

Il se prend plutôt le matin et le midi.

- **Poudre**

De 2 à 4 g de poudre de racine séchée.

- **Gélules**

Extrait sec, voir la posologie selon le titrage.

- **Teinture mère**

30 gouttes le matin et le midi.

Les résultats s'obtiennent en cure de plusieurs semaines. On peut l'associer au ginseng pour une action plus prononcée sur les performances physiques.

Contre-indications

À forte dose, il peut provoquer palpitations, hypertension, insomnies. Éviter chez les personnes souffrant d'hypertension artérielle.

Fenugrec – *Trigonenella foenum graecum*

Nom commun : trigonnelle

Famille botanique : Fabacées

Partie de la plante utilisée : les graines

Constituants

La graine est très riche en protéines (30 %) ; elle contient aussi des mucilages, des vitamines (A, groupe B, C), des minéraux (fer, soufre, magnésium, calcium, cuivre, sélénium, zinc), des flavonoïdes (antioxydants), des lipides, acides gras polyinsaturés, des saponines stéroïdiennes (diosgénine, yamogénine) qui participent au bon fonctionnement des hormones sexuelles et des glandes endocrines.

Propriétés et indications

Plante **anabolisante,** le fenugrec favoriserait la prise de **masse musculaire** et permettrait de stimuler la production de testostérone et d'améliorer les performances physiques. Ses composants, notamment les saponines, métabolisés par l'organisme libèrent une molécule semblable à une substance stéroïde. Le fenugrec a une action antidiabétique ; il améliore le contrôle glycémique et diminue l'insulinorésistance. Il est également hypolipidémiant, réduit la masse graisseuse. Il possède, en outre, une action calmante des **inflammations digestives** par ses mucilages qui permettent de protéger la muqueuse de l'œsophage, de l'estomac et jusqu'aux intestins.

Modes d'utilisation

En interne

- **En poudre de graines**

On peut acheter les graines et les réduire en poudre avec un bon moulin.
De 1 à 5 g par jour.

Faire macérer la poudre dans un grand verre d'eau pendant une heure, remuer et boire.

Pour les inflammations digestives, on peut en boire une gorgée de temps en temps dans la journée, dès que nécessaire.

- **Gélules**

Voir la posologie selon le titrage.

On peut l'associer au Tribulus dans la pratique des sports d'endurance et de musculation.

Contre-indications

À forte dose, le fenugrec peut être laxatif et provoquer des ballonnements. Il peut interagir avec des médicaments hypoglycémiants.

Ne pas consommer si vous êtes enceinte.

Frêne - *Fraxinus excelsior*

Noms communs : frêne élevé, quinquina d'Europe

Famille botanique : Oléacées

Parties de la plante utilisée : les feuilles et les bourgeons

Constituants

Il contient des tanins, des flavonoïdes, des dérivés coumariniques et des iridoïdes*.

Propriétés et indications

Le frêne est une plante de **drainage** incontournable. Il augmente la diurèse*, équilibre les terrains acides et draine l'organisme en facilitant l'élimination des déchets. Il élimine l'acide urique et l'urée et favorise l'élimination des cristaux en cas de calculs rénaux.

Antirhumatismal, anti-inflammatoire et analgésique, il soulage ainsi les crises de goutte, les douleurs et les inflammations articulaires. Il est recommandé dans les cas d'arthrose, d'arthrite, de rétention d'eau et dans le cadre des régimes amaigrissants. Le bourgeon est utilisé en gemmothérapie également pour ses propriétés **anti-inflammatoires synoviales et ligamentaires**, il est utilisé dans les déformations articulaires rhumatismales, des mains notamment. On l'associe au bourgeon de cassis dans la polyarthrite.

Modes d'utilisation

En interne

• **Infusion**

20 g par litre.

• **Teinture mère**

Généralement, 25 gouttes, 3 fois par jour.

• **Gemmothérapie**

Macérat glycériné du bourgeon

Si c'est le macérat 1D, de 50 à 150 gouttes par jour.

Si c'est le macérat mère, la posologie est de 5 à 15 gouttes par jour.

Contre-indication

Pas de contre-indication

Gingembre - *Zingiber officinale*

Nom commun : gingembre officinal

Famille botanique : Zingibéracées

Partie de la plante utilisée : le rhizome

Constituants

Des glucides (60 % d'amidon), des protéines, des lipides (de 3 à 8 %), une huile essentielle (de 2 à 3 %) renfermant des **sesquiterpènes** (curcumène, zingibérène, zingibérol, bisabolène…) et des **monoterpènes** (géranial, linalol, citronellal, néral…). Une oléorésine (de 5 à 6 %) contenant des gingérols (ce qui lui donne son goût piquant et chaud). Des phénols, des enzymes (protéase), des vitamines et des minéraux, notamment du magnésium.

Propriétés et indications

Le gingembre est un **puissant tonique général**, très antioxydant, immunostimulant, hypocholestérolémiant et légèrement tonicardiaque. Il augmente le flux salivaire et les contractions musculaires intestinales ; il est antiulcéreux et soulage les gastrites, les nausées et vomissements. C'est un antiémétique puissant utilisé dans les vomissements postopératoires.

Modes d'utilisation

En interne

- **Infusion**

L'équivalent d'une cuillerée à café de rhizome frais ou sec par tasse, de 1 à 3 fois par jour.

- **Teinture mère**

Généralement, 25 gouttes, 3 fois par jour.

- **Gélules**

Poudre du rhizome, au maximum 4 g par jour.

- **Huile essentielle**

Voir page 119 pour l'utilisation de l'HE de gingembre.

Contre-indications

Il est contre-indiqué dans les cas de calculs biliaires.

Ginkgo - *Ginkgo biloba*

Noms communs : arbre aux mille écus, arbre de vie

Famille botanique : Ginkgoacées

Partie de la plante utilisée : les feuilles

Constituants

Certaines des molécules présentes dans le ginkgo ne se trouvent que chez lui. Il renferme des diterpènes (ginkgolides), des sesquiterpènes (bilobalide), des flavonoïdes, des biflavonoïdes, des proanthocyanidols, des acides organiques, des stérols, des esters… La diversité et l'originalité de ses constituants traduisent ses propriétés. Le bilobalide active le métabolisme du cortex cérébral en augmentant le captage du glucose et de l'oxygène par les neurones. Les ginkgolides permettent une meilleure résistance du cerveau à l'hypoxie (manque d'apport en oxygène) et à l'ischémie (insuffisance d'apport de sang à un organe). Ils s'opposent également à l'agrégation plaquettaire, à la formation des thromboses*, à l'inflammation et à l'allergie ; ils empêchent l'oxydation des lipides cérébraux[5]… Bon, j'arrête là mais je pourrais continuer !

Propriétés et indications

En bref, il est actif sur tout le **système circulatoire**, artériel, veineux et capillaire. Il est veinotonique, vasoconstricteur et vasoprotecteur. Il renforce la résistance capillaire, tonifie la microcirculation et fluidifie le sang (antiagrégant plaquettaire). Il augmente l'irrigation cérébrale, protège le cerveau du manque d'oxygène, et améliore les fonctions cognitives, en particulier la mémoire et l'attention. Il augmente le taux de sérotonine dans les synapses et l'activité de l'hippocampe (intégration de la mémoire). C'est également une plante **adaptogène**.

Modes d'utilisation

En interne

- **Infusion**

30 g pour 1 litre, 3 tasses par jour.

- **Teinture mère**

Généralement, 25 gouttes, 3 fois par jour.

- **Autre extrait fluide (SIPF, EPS, alcoolatures)**

Voir la posologie indiquée selon la forme d'extrait.

Contre-indications

Ne pas utiliser sous traitement anticoagulant, avant une intervention chirurgicale et chez les personnes hémophiles.

Ginseng - *Panax ginseng*

Famille botanique : Araliacées

Partie de la plante utilisée : la racine

Constituants

La racine de ginseng contient des saponosides (ginsenosides), des polysaccharides, des vitamines (groupe B, C) et des acides aminés.

Propriétés et indications

Le ginseng est une des plantes clés du sportif. C'est une plante **adaptogène**, qui peut être considérée comme un **anabolisant et un dopant** naturel. Il procure une amélioration des performances physiques et une résistance accrue à la fatigue. Il module les phases du syndrome d'adaptation, réduit les réactions de stress et augmente les défenses immunitaires. Il améliore également l'attention et la concentration. Des expériences réalisées sur des athlètes ont montré qu'il apportait à l'organisme un gain important au niveau de l'endurance musculaire.

Modes d'utilisation

En interne

- **Gélules**

Selon le titrage : par exemple, poudre micronisée à 450 mg, 2 gélules au petit-déjeuner.

- **Teinture mère**

Généralement, 25 gouttes, 3 fois par jour.

- **Autre extrait fluide (SIPF, EPS, alcoolatures)**

Voir la posologie indiquée selon la forme d'extrait.

Quel que soit le mode d'administration : utiliser pendant une période de 4 à 6 semaines.

Contre-indications

À dose élevée, il peut provoquer nervosité, insomnie ou hypertension.

Il est surtout indiqué lors d'un état de fatigue important, d'épuisement physique et mental.

Il est contre-indiqué chez les personnes souffrant de palpitations cardiaques, d'hypertension, de diabète, ou sous traitement anticoagulant.

Guarana - *Paullinia cupana*

Famille botanique : Sapindacées

Partie de la plante utilisée : les graines

Constituants

Le guarana contient de la théobromine, de la théophylline, et de la caféine, plus que dans le café. Celle-ci aurait des particularités d'absorption différentes, avec effet retard, et moins d'inconvénients que celle du café, par la présence de ses autres composants, des tanins, des polysaccharides, des vitamines et des minéraux (calcium, magnésium, potassium, fer, cuivre).

Propriétés et indications

Il est **très énergisant**. Des études ont montré une amélioration de la vigilance, des réflexes physiques et des performances cognitives comme la mémorisation, la perception et l'apprentissage. Il diminue la sensation de fatigue, et augmente la vitalité des sportifs lors d'efforts musculaires.

Modes d'utilisation

En interne

Ses effets durent quelques heures, son utilisation est recommandée ponctuellement comme stimulant avant une course, un match ou toute épreuve de courte durée.

- **Poudre**

  1 cuillerée à café diluée dans un verre d'eau.

  De 2 à 4 g par jour.

- **Gélules**

  La posologie est indiquée selon le titrage.

  Par exemple, dosées à 500 mg concentrées à 11 % de caféine, 3 ou 4 gélules par jour.

- **Teinture (de pâte de gaines)**

  Voir la posologie indiquée.

  Par exemple, à 5% de caféine, de 100 à 200 gouttes par jour.

- **Autre extrait fluide (SIPF, EPS, alcoolatures)**

  Voir la posologie indiquée selon la forme d'extrait.

Contre-indications

Il ne doit pas être associé à d'autres excitants comme le café.

À trop forte dose, il peut augmenter la pression artérielle, générer des palpitations. Il est déconseillé aux personnes sensibles aux troubles cardiovasculaires, anxieuses, hypertendues, aux femmes enceintes, en cas d'ulcères gastroduodénaux et d'hyperthyroïdie.

Guimauve - *Althaea officinalis*

Noms communs : mauve blanche, guimauve sauvage

Famille botanique : Malvacées

Partie de la plante utilisée : la racine

Constituants

La guimauve est surtout très riche en mucilages qui, au contact de l'eau, forment des solutions colloïdales et gélatineuses. Cette substance crée un film protecteur qui se dépose sur les muqueuses, permettant d'éliminer les sécrétions et de diminuer l'irritation. On y trouve aussi des flavonoïdes, des acides phénols et des traces d'huile essentielle.

Propriétés et indications

La guimauve, pour ses mucilages, est une plante qui s'emploie dans les **inflammations et irritations des muqueuses.** Elle est anti-inflammatoire émolliente* et immunostimulante. Expectorante, elle agit contre la toux sèche et irritante, dans l'asthme, les bronchites, laryngites, trachéites... C'est également une plante laxative douce, notable pour le drainage des intestins. Protectrice de la **muqueuse gastrique et intestinale**, elle peut être utilisée dans les gastrites, ulcères gastroduodénaux, colites.

Modes d'utilisation

En interne

• **Infusion**

20 g de racines sèches coupées en petits morceaux, par litre, ou une cuillerée à café par tasse, 3 tasses par jour.

On peut faire une macération des racines de guimauve dans de l'eau froide. Laisser macérer plusieurs heures, ou toute une nuit, filtrer et boire le lendemain.

• **Teinture mère**

Jusqu'à 50 gouttes, 3 fois par jour.

• **Autre extrait fluide (SIPF, EPS, alcoolatures)**

Voir la posologie indiquée selon la forme d'extrait.

Contre-indication

Pas de contre-indication

Harpagophytum – *Harpagophytum procumbens*

Nom commun : griffe du diable (en raison de la forme en crochet de ses fruits qui s'accrochent aux animaux et permettent ainsi à la plante de répandre ses graines)

Famille botanique : Pedaliacées

Partie de la plante utilisée : les racines secondaires

Constituants

Il contient des iridoïdes (harpagoside, harpagide, procumbide), des polysaccharides, des flavonoïdes, des vitamines notamment du groupe B, et des minéraux (calcium, phosphore, fer, magnésium, potassium).

Propriétés et indications

Antalgique et anti-inflammatoire, il est utilisé depuis des années en rhumatologie, dans les arthroses, **inflammations articulaires et les douleurs musculosquelettiques**. Des études cliniques ont démontré des améliorations significatives de la douleur. Son action a été comparée à celle de molécules anti-inflammatoires de référence (phénylbutazone et indométacine). Il a ainsi été décrit une inhibition de la biosynthèse des cystéinyl-leucotriènes (médiateurs de l'inflammation) et la dégradation du thromboxane* qui jouent un rôle dans les pathologies inflammatoires.

Modes d'utilisation

En interne

- **Décoction**

On utilise les racines coupées finement.

Pour 500 ml d'eau, selon le degré de l'inflammation, on dose entre une cuillerée à café et une cuillerée à soupe (5 g au minimum).

Introduire les racines dans l'eau froide, porter à ébullition douce pendant 5 minutes. Laisser ensuite macérer toute la nuit. Boire en 2 ou 3 fois pendant la journée du lendemain.

En cure de 15 jours.

- **Comprimés d'extrait concentré (nébulisat)**

Équivalent à 5 g de poudre de racine, soit de 4 à 6 gélules de nébulisat par jour.

2 gélules par repas, 3 fois par jour pendant 5 jours, puis 1 gélule par repas, 3 fois par jour pendant 10 jours.

Ceci chaque mois si nécessaire.

...

En externe

Les iridoïdes sont de petites molécules qui peuvent pénétrer la peau. Il existe des gels et des pommades pour usage local.

Attention

L'harpagophytum a été exploité de manière tellement peu respectueuse qu'il est important aujourd'hui d'être attentif à sa provenance. La Namibie est le premier fournisseur mondial d'harpagophytum et possède un cahier des charges éthique et responsable. Les laboratoires doivent pouvoir vous fournir cette information.

Contre-indication

Pas de contre-indication

Maté - *Ilex paraguariensis*

Nom commun: Yerba maté

Famille botanique: Aquifoliacées

Partie de la plante utilisée: les feuilles

Constituants

Il contient de la caféine, de la théobromine, des flavonoïdes, des saponosides triterpéniques, des vitamines (A, groupe B, C, E), des acides aminés (dont les tryptophanes* actifs sur la sérotonine), des minéraux et une huile essentielle. La caféine est liée à des acides caféyl-quiniques (des pseudo-tanins), ce qui en modifie l'activité et rendrait son action plus diffuse et à plus long terme, sans le «coup de barre» qui peut survenir dans le cas du café.

Propriétés et indications

Stimulant général, physique et mental, antioxydant, reminéralisant, il agit sur le cerveau, le système nerveux et le système musculaire. Il stimule la vigilance, la concentration et les réflexes physiques et intellectuels. C'est un «brûleur de graisse», il active l'élimination des graisses stockées dans le tissu adipeux et des sucres stockés dans le foie.

Modes d'utilisation

Si vous avez le matériel, calebasse et bombilla, vous préparerez le maté dans les règles de l'art.

Vous pouvez aussi le préparer en:

- **Infusion**

Une cuillerée à café par tasse, de 2 à 3 tasses par jour.

- **Autre extrait fluide (SIPF, EPS, alcoolatures)**

Voir la posologie indiquée selon la forme d'extrait.

Contre-indications

Ne pas boire en fin de journée ni le soir pour les personnes souffrant de troubles du sommeil.

Mélisse - *Melissa officinalis*

Noms communs : citronnelle, herbe au citron, piment des abeilles, thé de France

Famille botanique : Lamiacées

Partie de la plante utilisée : les feuilles

Constituants

Elle renferme de l'huile essentielle à pinène, citronellol, linalol, géraniol, citronellal qui lui donne son odeur citronnée, et à citrals (géranial, néral) lui conférant ses propriétés antispasmodiques. Elle contient également des acides organiques, des mucilages et des flavonoïdes.

Propriétés et indications

La mélisse est une plante **antispasmodique**, sédative et **anxiolytique.** Tranquillisante, comparable aux benzodiazépines, elle régule les dystonies* neurovégétatives. Elle est très utile dans les **troubles d'origine nerveuse** tels que les palpitations, les migraines, les crampes d'estomac, les insomnies… Elle aurait une action sur la qualité de la cognition et de la mémoire grâce à la sédation du système nerveux. Elle favorise la qualité et la durée du sommeil et potentialise les hypnotiques de synthèse. D'une grande douceur, elle sera fort appréciée des sujets angoissés, émotifs, spasmophiles. Des études ont été menées permettant de démontrer ses effets sur des patients souffrant d'anxiété faible à modérée accompagnée de troubles du sommeil. La mélisse **réduit les symptômes de l'anxiété** d'un pourcentage significatif : entre 15 % et 18 %. 95 % des patients constatent une amélioration de leur situation, avec une **rémission totale de l'anxiété chez 70 % des patients** et une **rémission totale de l'insomnie chez 85 % des patients.** C'est aussi un très puissant **antioxydant**, qui protège du stress oxydatif et du vieillissement prématuré des cellules causé par les radicaux libres.

Modes d'utilisation

En interne

• **Infusion**

L'idéal serait de la consommer fraîche ; si vous avez un jardin ou un balcon, introduisez-y la mélisse.

Sinon, une petite poignée de feuilles sèches par tasse ou 20 g par litre.

• **Teinture mère**

Généralement, 50 gouttes le soir avant le repas et 100 gouttes au coucher.

• **Autre extrait fluide (SIPF, EPS, alcoolatures)**

Voir la posologie indiquée selon la forme d'extrait.

■■■

- **Hydrolat**

Une cuillerée à soupe dans un grand verre d'eau, 2 ou 3 fois par jour, ou de 3 à 4 cuillerées à soupe dans un litre à boire dans la journée.

En externe

L'hydrolat de mélisse apaise et adoucit les peaux sèches et sensibles.

Contre-indications

Même si aucun effet indésirable de type thyroïdien n'a été décrit, des essais in vitro ont montré une possible inhibition d'une hormone stimulant la thyroïde. À éviter donc en cas d'hypothyroïdie.

A contrario, elle peut être calmante d'une thyroïde hyperactive.

Millepertuis - *Hypericum perforatum*

Noms communs : herbe aux mille trous, herbe aux coupures, herbe aux brûlures, chasse diable, elle est aussi l'une des herbes de la Saint-Jean.

Famille botanique : Hypericacées

Partie de la plante utilisée : les sommités fleuries

Constituants

Le millepertuis renferme des naphtodianthrones, dont l'hypéricine, pigment responsable de la coloration rouge qui apparaît lorsque l'on froisse les feuilles. Ces molécules agissent comme inhibiteurs de la recapture de la sérotonine, de la dopamine et de la noradrénaline, (principe de fonctionnement des antidépresseurs). Il contient également des composés phénoliques dont l'hyperforine, de l'huile essentielle, une résine, des flavonoïdes et des tanins.

Propriétés et indications

Sédatif **antidépresseur** connu et reconnu, le millepertuis est employé dans les dépressions moyennes. Stimulant du système nerveux central, il entraîne une **augmentation de l'activité de la sérotonine** (dont le rôle est primordial dans le fonctionnement du cerveau en ce qui concerne l'humeur, l'émotivité et le sommeil) et une diminution de l'activité de l'adrénaline (molécule sécrétée en réponse à un état de stress). Également actif sur la mélatonine (structure des rythmes biologiques), il présente donc un intérêt certain dans les cas de dépression hivernale.

L'huile de millepertuis, appelée aussi «huile rouge», est obtenue par macération de la plante dans une huile végétale (olive, tournesol, macadamia). Elle est très anti-inflammatoire et cicatrisante cutanée. Très efficace sur les conséquences de brûlures, coups de soleil et autres inflammations et lésions cutanées dont elle calme la douleur et favorise la réparation tissulaire.

Modes d'utilisation

En interne

- **Infusion**

Une poignée de sommités fleuries sèches par tasse ou 25 g par litre, de 1 à 2 tasses par jour.

- **Teinture mère**

Généralement, de 40 à 80 gouttes par jour.

- **Autre extrait fluide (SIPF, EPS, alcoolatures)**

Voir la posologie indiquée selon la forme d'extrait.

...

• **Hydrolat**

Une cuillerée à soupe dans un grand verre d'eau, 2 ou 3 fois par jour, ou de 3 à 4 cuillerées à soupe dans un litre à boire dans la journée.

En externe

• **L'hydrolat** peut être utilisé pour apaiser les peaux irritées.

• L'**huile rouge** de millepertuis peut être utilisée comme support pour les mélanges d'huiles essentielles, notamment dans les brûlures et douleurs inflammatoires.

Contre-indications

Le millepertuis, en interne, présente des interactions avec certains médicaments (antirétroviraux, digoxine, théophylline, ciclosporine, anticoagulants, immunosuppresseurs, contraceptifs oraux, antidépresseurs inhibiteurs de la recapture de la sérotonine).

Le millepertuis est photosensibilisant (par l'hypéricine). Par précaution, on doit donc éviter le fort ensoleillement pendant la prise de cette plante.

L'huile rouge de millepertuis peut être également photosensibilisante.

L'action du millepertuis doit se faire sentir après environ 15 jours de traitement. Celui-ci se prolonge sur une durée de 3 mois et ne doit pas être interrompu brutalement.

Ortie - *Urtica dioica* ou *Urtica urens*

Noms communs : grande ortie (*U. dioica*), petite ortie, ortie brûlante, ortie grièche (*U. urens*), ortie piquante

Famille botanique : Urticacées

Partie de la plante utilisée : les feuilles

Constituants

Très riche en chlorophylle, elle favorise les réactions du métabolisme cellulaire. Elle contient également des flavonoïdes, des composés phénoliques, des acides organiques (dont l'acide formique), des minéraux en grande quantité (calcium, fer, potassium, phosphore, magnésium, silicium), des vitamines (A, C, D, E, F, K, P), des protéines (30 % de la masse sèche), de l'histamine et de l'acétylcholine.

Propriétés et indications

Reminéralisante, nourrissante et tonifiante de l'organisme, c'est une plante à la fois alimentaire et médicinale. L'ortie est antianémique, **elle stimule la production de globules rouges** ; elle possède à la fois du fer et de la vitamine C, qui potentialise l'assimilation de celui-ci. Les nombreux oligoéléments, minéraux et vitamines qu'elle contient en font une bonne plante immunostimulante et antioxydante. Elle est également dépurative et diurétique ; elle favorise l'élimination de l'urée, des ions chlore et de l'acide urique. Grande plante antirhumatismale, elle est alcalinisante de l'organisme et prévient la dégradation des cartilages articulaires. L'ortie a un intérêt certain en traitement de fond chez les sportifs pour un effet de reminéralisation et de drainage.

Modes d'utilisation

En interne

• **Teinture mère**

Généralement, de 30 à 100 gouttes par jour.

• **Autre extrait fluide (SIPF, EPS, alcoolatures)**

Voir la posologie indiquée selon la forme d'extrait.

• **Infusion**

De 15 à 20 g par litre, ou une bonne cuillerée à soupe par tasse.
Laissez infuser longtemps (environ 30 minutes).
Boire 3 tasses par jour.

• **Gélules de poudre de plante**

La posologie est indiquée selon le titrage.
Il faut faire une cure d'au moins 10 jours.

...

À savoir

Ses composés spécifiques urticants sont les mêmes que ceux que l'on trouve dans le règne animal : acide formique de la fourmi, histamine de l'abeille. Ce sont des anti-inflammatoires bien connus en homéopathie.

Contre-indication

Pas de contre-indication

Passiflore - *Passiflora incarnata*

Noms communs: passiflore officinale, fleur de la passion, *maypop*

Famille botanique: Passifloracées

Partie de la plante utilisée: les parties aériennes

Constituants

Très riche en flavonoïdes, elle contient aussi des acides phénols, des coumarines, des phytostérols, de l'huile essentielle et une faible teneur en alcaloïdes. Les constituants responsables des propriétés de la passiflore ne sont pas déterminés avec certitude, on utilise donc l'ensemble des constituants de la plante, le *totum*.

Propriétés et indications

La passiflore est **sédative, anxiolytique,** antispasmodique et apaisante du système nerveux central. C'est une plante importante dans les troubles du sommeil, elle entraîne une **relaxation musculaire** avant l'endormissement. Elle agit sur les mêmes récepteurs que les benzodiazépines. Son action la rend précieuse dans l'anxiété, la nervosité, l'agitation, l'instabilité, l'hyperémotivité, l'irritabilité, l'hyperactivité et l'hypersensibilité. Elle est souvent utilisée en association avec d'autres plantes à effet sédatif (valériane, houblon).

Modes d'utilisation

En interne

- **Infusion**

Une petite poignée de parties aériennes fleuries par tasse ou 20 g par litre, de 2 à 3 tasses par jour, dont une le soir.

- **Teinture mère**

Généralement, de 20 à 25 gouttes, 3 fois par jour.

- **Autre extrait fluide (SIPF, EPS, alcoolatures)**

Voir la posologie indiquée selon la forme d'extrait.

- **Gélules**

Selon la posologie indiquée

De 0,5 à 2 g de plante sèche, 3 fois par jour.

Contre-indication

Pas de contre-indication

Plantain(s) - *Plantago major* ou *Plantago lanceolata*

Noms communs : grand plantain, queue-de-rat, plantain des oiseaux et plantain lancéolé, petit plantain, oreille de lièvre, herbe à cinq côtes.

Famille botanique : Plantaginacées

Partie de la plante utilisée : plante entière

Constituants

Les plantains contiennent des iridoïdes (aucubine), des mucilages, des flavonoïdes (l'apigénine aux propriétés anti-inflammatoires), des tanins et de l'allantoïne (aux propriétés cicatrisantes), de la vitamine C et des minéraux (potassium, calcium, magnésium, silice, zinc, cuivre).

Propriétés et indications

Les plantains ont des propriétés **anti-inflammatoires** et antihistaminiques, anti-infectieuses et immunomodulantes. Ils sont astringents (resserrent les tissus) et adoucissants des **muqueuses irritées**. Ils sont actifs sur les sphères respiratoire, digestive et intestinale (diarrhées, colites, ulcères gastroduodénaux et gastrites). Les mucilages, des molécules qui gonflent au contact de l'eau et forment une masse gélatineuse, permettent d'assurer une protection hydro-colloïde de la peau et des muqueuses et favorisent la cicatrisation. Sur la sphère respiratoire, ils sont antitussifs, mucolytiques et surtout puissamment antiallergiques par effet antihistaminique. Ils sont donc utiles dans la bronchite, la laryngite, la pharyngite, la coqueluche, l'asthme ou toute manifestation d'ordre allergique.

Modes d'utilisation

En interne

- **Infusion**

Une grosse poignée de feuilles par tasse ou 50 g par litre, de 2 à 4 tasses par jour.

- **Teinture mère**

Généralement, 25 gouttes, 3 fois par jour.

- **Autre extrait fluide (SIPF, EPS, alcoolatures)**

Voir la posologie indiquée selon la forme d'extrait.

Contre-indication

Pas de contre-indication

Prèle - *Equisetum arvense*

Noms communs : prèle des champs, queue-de-cheval, queue-de-rat, queue-de-renard

Famille botanique : Équisétacées

Partie de la plante utilisée : les tiges stériles

Constituants

Elle est extrêmement riche en minéraux notamment en silicium dont une fraction est organique et soluble ; on trouve également des sels de potassium, du calcium, du fer, du manganèse, du magnésium, du phosphore… Elle contient en outre des flavonoïdes, des tanins, des acides organiques et des traces d'alcaloïdes.

Propriétés et indications

La prèle est diurétique, astringente, antirhumatismale et **reminéralisante**. Le silicium de la prèle, bio-disponible pour l'organisme, stimule la régénération du collagène, la synthèse de l'élastine et améliore la résistance du tissu conjonctif et permet de conserver élasticité et souplesse au squelette. Elle est donc indiquée dans la **sphère ostéo-articulaire**, dans la consolidation et la réparation des os, des cartilages, des ligaments, lors de fractures, dans l'arthrose, les rhumatismes, l'ostéoporose, les crampes mais aussi pour renforcer les phanères (ongles, cheveux), la cicatrisation et le maintien de la structure de la peau dont le dessèchement et le vieillissement sont des conséquences du déficit en silicium.

Certains travaux auraient démontré que le silicium organique sous forme de prèle en poudre est très supérieur au calcium pour la consolidation des fractures[6].

Modes d'utilisation

En interne

- **Poudre reminéralisante**

De 1 à 3 g par jour.

Broyer et tamiser très finement la prèle séchée (on peut utiliser un moulin à café).

On saupoudre sur les aliments, dans un yaourt, une compote, etc.

- **Gélules**

Poudre de la plante (que l'on peut aussi ouvrir)

Dosées à 200 mg, 1 ou 2 gélules, 3 fois par jour avant les repas.

- **Infusion**

De 20 à 30 g par litre ou une cuillerée à soupe par tasse.

Faire des cures de 3 semaines.

Contre-indication

Pas de contre-indication

Reine-des-prés - *Filipendula ulmaria*

Noms communs : spirée ulmaire, barbe des chênes, herbe aux abeilles, belle des prés

Famille botanique : Rosacées

Partie de la plante utilisée : les sommités fleuries

Constituants

Des dérivés salicylés, des flavonoïdes, des tanins en forte proportion. Les tanins et les salicylates agissent en synergie et protègent ainsi les muqueuses de l'estomac.

Propriétés et indications

Anti-inflammatoire et antalgique. C'est elle qui a donné son nom à l'aspirine... médicament obtenu par synthèse de l'acide salicylique naturel extrait des fleurs de la spirée. Elle est efficace dans le traitement des **manifestations douloureuses**, (arthrose, arthrite, rhumatismes), dans le syndrome grippal, les fièvres, les courbatures, les céphalées, les douleurs dentaires, les rhumes et les refroidissements. Elle agit également **sur les lésions gastriques** (dont celles provoquées par l'aspirine), en cas d'ulcères, gastrites, brûlures d'estomac et pour calmer les reflux gastro-œsophagiens. Très diurétique et détoxifiante, elle élimine l'acide urique et les chlorures, et accompagne à ce titre le traitement contre le surpoids et la cellulite. Elle possède également un effet anticoagulant.

Modes d'utilisation

En interne

- **Infusion**

Une bonne pincée de fleurs ou une poignée de sommités fleuries par tasse, soit de 20 à 30 g par litre. La température de l'eau est idéalement de 60 °C.

De 3 à 4 tasses par jour.

- **Teinture mère**

La posologie est variable selon la pathologie à traiter, et peut être de 60 à 90 gouttes jusqu'à 4 fois par jour.

- **Autre extrait fluide (SIPF, EPS, alcoolatures)**

Voir la posologie indiquée selon la forme d'extrait.

- **Gélules**

Poudre de plante

De 250 mg à 1,5 g par jour.

Contre-indications

Elle est, bien entendu, à éviter chez les personnes allergiques à l'aspirine et celles sous anticoagulants.

Rhodiole - *Rhodiola rosea*

Noms communs: orpin rose, ginseng de la toundra, racine d'or

Famille botanique: Crassulacées

Partie de la plante utilisée: le rhizome

Constituants

Elle renferme de nombreux polyphénols aux propriétés antioxydantes, des vitamines, minéraux et des acides aminés. Des inhibiteurs de la MAO (enzyme de métabolisation des neurotransmetteurs), sérotonine, dopamine, noradrénaline impliquées dans la modulation de l'humeur et des émotions ont été mis en évidence.

Propriétés et indications

Plante **adaptogène**, antidépressive, immunostimulante, elle améliore les capacités physiques et mentales (mémoire, attention, concentration, apprentissage). Elle est utilisée (depuis très longtemps dans les pays du nord de l'Europe et en Russie) pour augmenter **l'endurance physique et la résistance au mal d'altitude**, pour traiter la fatigue, certaines infections et les troubles du système nerveux central. De nombreuses études ont été réalisées sur l'orpin rose, notamment auprès de sportifs dont on a pu mesurer l'augmentation de la performance, de l'endurance physique, de la résistance musculaire. Plusieurs études ont également montré une diminution significative de la fatigue physique et mentale.

Modes d'utilisation

En interne

- **Comprimés à 200 mg d'extrait sec**

2 comprimés par jour une semaine sur deux, 1 le matin et 1 le midi avant les repas.

En cure de 2 à 3 mois.

- **Teinture mère**

Généralement, 25 gouttes, 3 fois par jour.

- **Autre extrait fluide (SIPF, EPS, alcoolatures)**

Voir la posologie indiquée selon la forme d'extrait.

Contre-indication

Pas de contre-indication

Romarin - *Rosmarinus officinalis*

Nom commun : rose marine

Famille botanique : Lamiacées

Partie de la plante utilisée : les feuilles

Constituants

Le romarin contient des terpènes, des polyphénols, des flavonoïdes, des salicylates, de l'huile essentielle, des vitamines et des minéraux.

Propriétés et indications

Le romarin est antispasmodique, digestif, **protecteur des cellules** et activateur du foie. Également antiseptique, il est utile dans les affections respiratoires comme les bronchites, les rhumes, l'asthme, la grippe. C'est un **puissant antioxydant**, détoxifiant et tonifiant général de l'organisme. Actif sur le système circulatoire, il stimule la circulation du sang notamment vers les extrémités, la tête, et améliore les capacités visuelles. **Stimulant des processus cérébraux** et des neurotransmetteurs, il améliore la cognition, la mémoire. Il est intéressant en période de fatigue psychique, d'examens et de compétitions sportives, car il favorise la concentration, la clarté mentale et la mémorisation. Les jeunes pousses du romarin sont utilisées en gemmothérapie.

Modes d'utilisation

En interne

- **Infusion**

20 g par litre ou une cuillerée à soupe rase par tasse.

- **Teinture mère**

Généralement, 25 gouttes, 3 fois par jour.

- **Autre extrait fluide (SIPF, EPS, alcoolatures)**

Voir la posologie indiquée selon la forme d'extrait.

- **Hydrolat**

Une cuillerée à soupe dans un grand verre d'eau, 2 ou 3 fois par jour, ou de 3 à 4 cuillerées à soupe dans un litre à boire dans la journée.

- **Gemmothérapie**

Macérat glycériné du bourgeon
Si c'est le macérat 1D, de 50 à 150 gouttes par jour.
Si c'est le macérat mère, la posologie est de 5 à 15 gouttes par jour.

Contre-indication

Pas de contre-indication

Schisandra - *Schisandra chinensis*

Famille botanique:
Schisandracées

Partie de la plante utilisée:
les baies

Constituants

Elle contient des lignanes, des triterpènes, des acides phénols, des flavonoïdes, des vitamines et des oligoéléments.

Propriétés et indications

Plante **adaptogène**, elle améliore les performances et les processus de récupération. Elle agit en particulier sur le système nerveux et la mémoire; elle augmente la vivacité et l'acuité, notamment pour les sports faisant appel à la rapidité d'action comme les sports de combat, le tennis, etc.

Modes d'utilisation

En interne

- **Gélules de poudre, ou en poudre directement**

1 g par jour au maximum, le matin.

Contre-indication

Pas de contre-indication

Thé vert - *Camelia sinensis*

Famille botanique : Théacées

Partie de la plante utilisée : les feuilles

Constituants

Il contient de la caféine, des polyphénols, des vitamines, des sels minéraux, des catéchines, des acides aminés, dont la L-théanine qui traverse la barrière hémato-encéphalique et protège le cerveau de la neurotoxicité du glutamate notamment, et accroît les niveaux cérébraux de la dopamine et de la sérotonine.

Propriétés et indications

Stimulant général, diurétique, reminéralisant, «brûleur de graisses», tout comme le maté, c'est un accélérateur de la lipolyse (élimination des lipides). **Antioxydant**, il inhibe la lipoxygénase (l'oxydation des acides gras dans l'organisme), c'est un puissant piégeur de radicaux libres, et protecteur de l'ADN... **Fortifiant**, il augmente le tonus et la résistance de l'organisme. La consommation de thé vert est associée à la diminution des infarctus et des risques de dégénérescence cognitive. Il a été également démontré qu'il combat l'insulinorésistance chez les personnes manifestant un syndrome métabolique.

Mode d'utilisation

En interne

Son utilisation est recommandée (comme excitant) dans les périodes de compétitions de courtes durées.

- **Infusion**

Une pincée par tasse, de 2 à 3 tasses par jour.

Contre-indications

Ne pas consommer en cas d'insuffisance en fer, le thé vert réduisant son assimilation à fortes doses et surtout au moment des repas.

Thym - *Thymus vulgaris*

Nom commun : farigoule

Famille botanique : Lamiacées

Parties de la plante utilisées : les feuilles et sommités fleuries

Constituants

Le thym renferme de nombreux polyphénols, tanins, flavonoïdes, acides phénols, des huiles essentielles, des vitamines et des minéraux.

Propriétés et indications

Le thym est un puissant **antioxydant, anti-infectieux et tonifiant**. C'est une grande plante antiseptique, antivirale, antibactérienne, stimulante immunitaire, expectorante (modifie et facilite l'évacuation des sécrétions) et antitussive. Elle est très efficace dans les infections des voies respiratoires (rhume, toux, bronchite, angine, sinusite) mais aussi digestives et urinaires. **Stimulant** cortico-surrénalien et tonicardiaque, le thym renforce le système nerveux en cas de fatigue, surmenage, convalescence. Il est intéressant d'utiliser le thym lors de **compétitions longues** sur plusieurs jours. C'est également une plante digestive et antispasmodique utile en cas de troubles gastriques, dérèglements intestinaux, ballonnements, éructations, flatulences.

Mode d'utilisation

Voie interne

- **Infusion**

Une petite cuillerée à café de feuilles sèches par tasse ou 15 g par litre, de 2 à 3 tasses par jour.

Le thym est puissant, il est riche en huiles essentielles (thymol, carvacrol, linalol...) dans des proportions variables. Lorsqu'on le distille, on obtient, selon la provenance de la plante, un profil chimique particulier. C'est pour cela qu'il existe sept huiles essentielles différentes de l'espèce *Thymus vulgaris*. Certaines sont extrêmement puissantes (phénols), dermocaustiques*, potentiellement toxiques, et sont plus compliquées à utiliser.

C'est pour cette raison que la meilleure forme d'utilisation du thym selon moi est l'infusion. Elle est à la fois puissante et simple à employer.

On peut aussi utiliser l'infusion, plus concentrée, en inhalation dans les infections respiratoires et en gargarismes.

Contre-indication

Pas de contre-indication

Tribulus - *Tribulus terrestris*

Noms communs : croix de Malte, escarbot

Famille botanique : Zygophyllacées

Partie de la plante utilisée : les fruits

Constituants

Elle contient surtout des saponines stéroïdiennes (protodioscine) qui entraînent une augmentation du taux d'hormones sexuelles. Elle contient également des alcaloïdes et des flavonoïdes.

Propriétés et indications

Plante **anabolisante** elle permet d'accroître la masse musculaire et d'améliorer les performances sportives, notamment l'endurance. Elle favorise l'augmentation des taux de testostérone, DHEA et œstrogènes. Elle est intéressante dans les périodes de fatigue, de manque d'énergie et pour équilibrer le système nerveux. Plusieurs études, parfois contradictoires, ont été menées, notamment à la suite de performances hors du commun réalisées par des haltérophiles bulgares grâce à la prise régulière de *Tribulus* dans les années 1980.

Donc pour l'instant… subsiste un doute quant à son efficacité sur les performances sportives…

Modes d'utilisation

Voie interne

- **Comprimés ou gélules**
  3 fois par jour.
- **Teinture mère**
  30 gouttes, 3 fois par jour.
- **Autre extrait fluide (SIPF, EPS, alcoolatures)**
  Voir la posologie indiquée selon la forme d'extrait.

Faire une cure avec une pause d'une semaine toutes les deux semaines.

Contre-indication

Pas de contre-indication

Vigne rouge – *Vitis vinifera var. tinctoria*

Nom commun : vigne des teinturiers

Famille botanique : Vitacées

Partie de la plante utilisée : les feuilles

Constituants

Des acides phénols, des tanins, des flavonoïdes. C'est la concentration importante en anthocyanosides, maximale à la maturité des fruits, qui donne à la feuille sa couleur rouge.

Propriétés et indications

La feuille de vigne rouge est **antioxydante, astringente et veinotonique**. Elle diminue la perméabilité capillaire, par action sur le collagène de la paroi vasculaire, et augmente leur résistance. Elle est utilisée dans le traitement des pathologies relevant de la fragilité capillaire et de l'insuffisance veineuse, ecchymoses, jambes lourdes, hémorroïdes, couperose, troubles rétiniens, troubles veineux accompagnant l'arthrose des chevilles et genoux.

Le bourgeon possède des propriétés sur le système ostéo-articulaire, notamment sur les déformations des articulations, les inflammations et les douleurs chroniques, les rhumatismes articulaires aigus, l'arthrose, l'ostéoporose…

Modes d'utilisation

En interne

- **Infusion**

20 g par litre d'eau ou 1 cuillerée à soupe de feuilles coupées en petits morceaux par tasse.

- **Teinture**

Généralement, de 20 à 30 gouttes, 2 ou 3 fois par jour.

- **Autre extrait fluide (SIPF, EPS, alcoolatures)**

Voir la posologie indiquée selon la forme d'extrait.

- **Gélules**

Poudre de plante.
Généralement, 2 ou 3 gélules.

- **Gemmothérapie**

Macérat glycériné du bourgeon
Si c'est le macérat 1D, de 50 à 150 gouttes par jour.
Si c'est le macérat mère, la posologie est de 5 à 15 gouttes par jour.

Contre-indications

Consommer la feuille (teinture et infusion) loin des repas, les tanins pouvant bloquer l'absorption intestinale des nutriments.

Un mot sur la spiruline

Arthrospira platensis est apparue sur terre il y a plus de trois milliards d'années.

C'est une bactérie (de la famille des cyanobactéries), donc qui appartient au règne animal; elle est néanmoins douée du pouvoir de photosynthèse...

Comme les plantes, elle produit de l'oxygène. L'oxygène produit par ces cyanobactéries serait à l'origine de l'oxydation de l'atmosphère qui a généré l'apparition de la vie aérobie...

De nombreuses études ont montré l'intérêt de la consommation de spiruline sur l'organisme. Elle possède une action bénéfique sur les maladies cardiovasculaires, le diabète de type II et les maladies neurodégénératives. Ses effets immunomodulateurs, anti-inflammatoires, anticancéreux, antianémiques ont été prouvés[7].

Source de protéines complètes de grande qualité (de 60 à 72% du poids sec), elle contient des acides aminés essentiels que notre corps ne peut synthétiser.

Elle renferme de nombreuses vitamines (A, B1, B2, B3, B6, B7, B8, B12 en forte proportion, D, E, K) et minéraux (fer, magnésium, calcium, phosphore, potassium, sélénium, sodium, chrome). Elle est également très riche en bêtacarotène, en chlorophylle (qui favorise l'absorption du fer dans le sang) et en phycocyanine (qui renforce le système immunitaire).

Trois cuillerées à café de spiruline contiennent l'équivalent en protéines de 50 g de viande de bœuf, le calcium de 3 verres de lait, le fer (d'une exceptionnelle disponibilité) de 3 bols d'épinards, la vitamine B12 de 500 g de steak, la vitamine E de 3 cuillerées à soupe de germe de blé, le potassium de 3 bols de riz, et les acides gras essentiels (oméga) de 3 capsules d'huile d'onagre.

C'est un puissant antioxydant et détoxifiant des métaux lourds, qui joue un rôle important dans la régénération des cellules.

Sa richesse en bêtacarotène, en vitamines A et B12 protège la peau du soleil, empêche la formation de radicaux libres, et en retarde le vieillissement.

Elle est le nutriment du sportif par excellence!

Elle soutient et optimise les processus physiologiques de l'exercice physique. Elle retarde la production d'acide lactique. Plusieurs études menées en physiologie sportive ont démontré que la prise de spiruline permet d'éliminer significativement les douleurs musculaires liées aux exercices physiques intenses.

Les dosages recommandés sont de 1 à 5 g par jour, jusqu'à 10 g par jour pour les sportifs. Il est conseillé de commencer par des doses plus faibles et d'augmenter progressivement.

Précautions

La spiruline absorbe facilement les polluants et métaux lourds, elle doit être cultivée dans un lieu exempt de pollution. Il faut donc être attentif au choix de sa provenance et de son mode de culture; attention à la spiruline chinoise…

Elle est déconseillée aux femmes enceintes, qui allaitent, et aux personnes qui souffrent de goutte, de calculs rénaux.

Consommée en forte quantité (10 g par jour), par son effet détoxifiant, elle peut entraîner des effets secondaires, comme des maux de tête, de la constipation ou de la diarrhée, un affaiblissement (passager) du foie, des reins.

4. Les huiles essentielles (HE)

Une HE est un extrait de plante aromatique que l'on obtient par extraction à la vapeur d'eau au moyen d'un alambic. Ce sont uniquement les molécules aromatiques, très volatiles, qui sont récupérées et conditionnées en flacon. Il s'agit donc bien d'un extrait de plante, extrêmement concentré. Par ce même procédé, on obtient également **les hydrolats.**

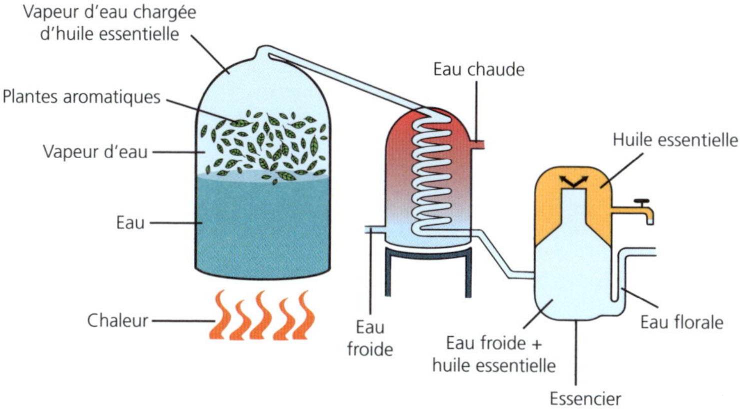

Une **essence** est le résultat obtenu par expression mécanique à froid des écorces d'agrumes.

Le rendement est différent selon les plantes que l'on distille. Par exemple, pour obtenir un litre d'huile essentielle de clou de girofle, il faut 7 kg de la plante, pour la lavande officinale 150 kg, pour l'hélichryse une tonne, la mélisse 10 tonnes…

Les caractéristiques principales des huiles essentielles :

- elles sont volatiles ;
- elles ne se mélangent pas à l'eau (c'est même pour cela que l'on peut les extraire par la vapeur d'eau). Il faut donc les rendre hydrosolubles pour le bain notamment en utilisant un dispersant (ce peut être un jaune d'œuf, une cuillerée à soupe de lait en poudre) ;
- elles ont une affinité particulière pour les corps gras : une goutte d'HE pure sur la peau traverse rapidement les différentes couches du derme pour arriver dans la circulation

globale. C'est pour cela que les HE sont généralement associées aux huiles végétales (HV) qui servent de support et permettent une application adéquate selon le résultat recherché, notamment selon la localisation du trouble (en surface de la peau ou plus profondément) ;

– elles ont une longue durée de conservation, elles peuvent se garder plusieurs années (environ 5 ans) si elles sont stockées correctement, à l'abri de l'air, de la lumière et des hautes températures. Les essences d'agrumes (mandarine, citron, bergamote, etc.) s'oxydant plus rapidement se conservent 2 ans environ.

Pourquoi utiliser les HE ?

Ce sont des extraits végétaux très puissants. Comme pour les plantes, on retrouve plusieurs molécules actives dans une même HE. Elles agissent en synergie et permettent ainsi de bénéficier d'effets plus complets que l'utilisation de molécules isolées, comme le camphre, le salicylate de méthyl ou le menthol, que l'on trouve dans les gels ou crèmes.

Elles ont des propriétés très marquées selon leurs familles chimiques principales.

Les monoterpènes (pinène, limonène, paracymène, terpinène…)

Ils sont antiseptiques atmosphériques, décongestionnants respiratoires, stimulants généraux, lymphotoniques.

On les retrouve par exemple dans : les pins, les cyprès, les essences d'agrumes.

Les sesquiterpènes (zingibérène, bêtacaryophyllène, chamazulène…)

Ils sont anti-inflammatoires, actifs sur la sphère digestive et vasculaire.

On les retrouve par exemple dans : le gingembre, l'ylang-ylang, la camomille matricaire, le poivre noir.

Les phénols (thymol, carvacrol, eugénol…)
Anti-infectieux très puissants, ils sont bactéricides, virucides, fongicides, toniques stimulants, hyperthermisants et hypertensifs.
On les retrouve par exemple dans : certains types chimiques du thym, l'origan, la sarriette, le clou de girofle, la cannelle.

Les alcools ou monoterpénols (linalol, géraniol, citronellol, menthol, thujanol, terpinéol…)
Ils sont anti-infectieux, plus doux que les phénols, neurotoniques (antistress), immunostimulants.
On les retrouve par exemple dans : la lavande, le lavandin, la menthe poivrée, certains types chimiques du thym, le géranium, le tea tree, la marjolaine, le petit grain bigarade.

Les aldéhydes aromatiques (cinnamaldéhyde, cuminaldéhyde, benzaldéhyde)
Ils sont anti-infectieux et stimulants du système nerveux.
On les retrouve par exemple dans : la cannelle, le niaouli.

Les aldéhydes terpéniques (citronellal, néral, géranial…)
Anti-inflammatoires, hypotenseurs, calmants du système nerveux.
On les retrouve par exemple dans : l'eucalyptus citronné, la mélisse, la verveine citronnée.

Les oxydes (1,8 cinéole ou eucalyptol)
Ils sont mucolytiques, expectorants, antiviraux, décongestionnants et immunomodulants.
On les retrouve par exemple dans : les eucalyptus, le ravintsara, le laurier noble.

Les esters (acétates de linalyle, de bornyle, angélates d'isobutyles, salicylates de méthyle...)

Ils sont neurotoniques, rééquilibrants nerveux, anti-inflammatoires, antispasmodiques, antalgiques.

On les retrouve par exemple dans : la lavande, la menthe poivrée, la gaulthérie, la camomille noble, le petit grain bigarade.

Les éthers (méthyl chavicol ou estragol, anéthol)

Ils sont spasmolytiques, antidépresseurs, rééquilibrants nerveux, sédatifs calmants. On les retrouve par exemple dans : le basilic, l'estragon, le fenouil, l'anis.

Les cétones (menthone, verbénone, bornéone [le camphre], italidione)

Ils sont mucolytiques, lipolytiques, anticoagulants, cicatrisants.

On les retrouve par exemple dans : le romarin, l'hélichryse italienne, la menthe poivrée.

Comment les utiliser ?

La voie locale (topique*)

La voie topique employée dans le traitement des traumatismes sportifs présente l'avantage d'agir sur le système locomoteur *via* le tissu cutané. L'application locale par massage permet non seulement une action sur la contracture musculaire mais elle active également la microcirculation locale et permet une meilleure absorption des principes actifs contenus dans les huiles essentielles.

De l'importance de la peau

La peau n'est pas seulement une barrière entre l'extérieur et l'intérieur, elle est l'organe le plus volumineux du corps. Les HE passent par les canaux de sudation, les follicules pileux, entre les cellules de la couche cornée de la peau. Le passage des HE peut être modifié par différents facteurs comme la chaleur ou l'humidité de la peau.

Pour l'utilisation des HE, la voie cutanée est la plus simple et la plus sûre. On utilise une huile végétale comme support, dans laquelle on dilue une certaine quantité d'HE. On peut aussi utiliser du gel d'aloès mais **attention au dosage car celui-ci pénètre entièrement** et donc les HE aussi.

Quels excipients choisir ?

L'huile végétale

Les huiles végétales (HV) sont idéales comme support pour les huiles essentielles (HE). Toutes les proportions de dilution sont réalisables.

Selon sa viscosité, l'huile végétale aura un taux de pénétration cutané plus ou moins profond : au niveau de l'épiderme, du derme, de l'hypoderme, de la synovie, de la musculature, de la circulation…

Ainsi on choisit une huile végétale en fonction de l'affection à traiter. Plus l'huile est visqueuse plus elle reste en surface de l'épiderme.

Voici un petit classement de quelques huiles végétales, des plus visqueuses aux plus pénétrantes :

- olive, avocat, germe de blé ;
- jojoba, rose musquée, amande douce ;
- calophyllum, macadamia ;
- noisette, sésame, noyau d'abricot.

Les huiles végétales notamment sources d'AGPI (acides gras polyinsaturés) interviennent dans la structure des membranes cellulaires. Au niveau cutané, elles préviennent la sécheresse et les desquamations.

Elles doivent être conservées à l'abri de la lumière et de la chaleur.

Lorsqu'une huile sent le rance, poubelle !

Les gels

Ils sont non gras et, donc, parfois plus faciles à utiliser si l'on est pressé.

Le gel d'aloès permet de faire pénétrer rapidement les HE. La pénétration étant totale, contrairement aux huiles végétales qui restent davantage à la surface de la peau, il faut compter au plus juste le nombre de gouttes. Vous vous en rendrez vite compte en utilisant l'HE de gaulthérie dans du gel d'aloès…

Pour faire simple, on peut incorporer environ 3 gouttes d'HE seule ou en mélange dans une noisette de gel d'aloès.

Les crèmes

On peut incorporer des HE dans une crème. Plus la crème est grasse, plus on peut avoir une concentration importante d'HE, 30 % au maximum. Pour une crème plus fluide, plus aqueuse, on incorpore un maximum de 10 % d'HE.

Dosages des HE par voie topique

En moyenne, 1 ml correspond à une vingtaine de gouttes d'HE, en pipette de verre.

Les flacons compte-gouttes que l'on achète dans le commerce correspondent plutôt à 1 ml = 35 gouttes.

Pour faciliter l'usage, les formules que je propose dans cet ouvrage correspondent aux flacons que l'on trouve le plus souvent dans le commerce.

Les dosages d'HE dans une huile végétale sont, en moyenne, de 1 % pour une action cosmétique, de 5 % pour une action sur le système nerveux (stress), de 7 % pour une action circulatoire sanguine et lymphatique, de 10 à 15 % pour une action musculaire, tendineuse ou articulaire, et de 20 à 50% pour une action locale plus puissante.

Pour réaliser un mélange dans un flacon de 10 ml, on compte en moyenne :
- pour une action cosmétique : 5 gouttes d'HE ;
- pour une action sur le système nerveux : 20 gouttes d'HE ;
- pour une action circulatoire : 35 gouttes d'HE ;
- pour une action musculaire : 50 gouttes d'HE ;
- pour une puissante action locale : 80 gouttes d'HE (environ 30%)

En pratique, comment formuler ?

Voici un exemple de formule pour favoriser la cicatrisation cutanée.

Huile cicatrisante

Donc pour une action locale, à environ 20%, pour un flacon de 30 ml, on mélange :
HE de ciste, 40 gouttes
HE de géranium, 60 gouttes
HE de lavande officinale, 60 gouttes
HE d'hélichryse, 60 gouttes
+ Huile végétale de calophyllum ou de millepertuis pour 30 ml

On prend un flacon vide d'une contenance de 30 ml, on commence par y introduire les gouttes d'huiles essentielles, puis on complète le reste du flacon avec l'huile végétale.

Utiliser les huiles essentielles pures ?

Il s'agit généralement d'applications sur des zones réduites. Une plaie, une brûlure, une ampoule, un bleu…

La lavande, la menthe poivrée, l'hélichryse par exemple se prêtent à une utilisation pure pour des **traumatismes ponctuels localisés**.
On dépose une à deux gouttes sur un doigt, l'annulaire ou l'auriculaire plutôt que l'index pour éviter le risque de se frotter les yeux ensuite...
On applique sur la zone traumatisée. On peut répéter cette application jusqu'à 3 fois si nécessaire.

La voie olfactive

Les molécules aromatiques stimulent notre système neuro-olfactif et provoquent des effets pouvant se manifester au niveau de la physiologie, du comportement, des sentiments et de l'humeur.

Des études ont permis de mesurer ces effets de variation (dilatation de la pupille, rythme cardiaque, pression sanguine et artérielle) prouvant que les fonctions métaboliques (circulation, respiration, etc.) dépendantes du système nerveux autonome (dit végétatif) peuvent être modifiées par certaines odeurs.

Sur le comportement et les humeurs, des études, en particulier avec l'HE de lavande officinale, ont montré des activités sédatives, de stimulation de la vigilance et de l'attention, du temps de réaction, de la prise de décision, etc.

Ainsi certaines odeurs devraient nous aider à nous concentrer, à retrouver le calme, à apaiser ou à moduler les effets envahissants de certaines émotions.

La diffusion atmosphérique

Choisir des HE non irritantes. On utilise des HE antivirales, bactéricides et insectifuges, principalement pour assainir l'atmosphère, lutter contre le développement microbien, faire fuir les insectes...

On peut également agir sur la sphère nerveuse pour une action calmante, relaxante. Les molécules aromatiques sont captées par les fosses nasales et décryptées par les neurorécepteurs olfactifs.

Inhalation

Pour les HE, préférer l'inhalation sèche, sur un mouchoir ou dans le creux des mains. On dépose 1 ou 2 gouttes d'HE dans le creux de la main et on les « enferme » dans les deux mains en laissant une petite ouverture pour le nez. On inspire lentement et profondément dans les mains par le nez et on souffle par la bouche pour créer une sorte de circuit aromatique.

> L'inhalation humide, qui consiste à respirer les vapeurs d'eau chaude au-dessus d'un bol, peut être irritante pour les yeux si l'on y introduit des HE. Cette technique est plus appropriée avec les plantes sèches.

Bains aromatiques

Il faut diluer les HE dans une base pour bain (lait en poudre, jaune d'œuf).

Compter environ 10 gouttes par bain.

> **Précautions d'emploi des HE**
> Les HE se conservent à l'abri de l'air, de la lumière et de la chaleur (température de 5 à 35 °C).
>
> **Ne pas se frotter les yeux après avoir utilisé des HE.** L'application d'une huile végétale est la meilleure façon d'adoucir l'irritation provoquée par l'HE.
> …

...

Les HE ne sont pas solubles dans l'eau. Elles sont lipophiles et pénètrent donc rapidement les différentes couches de la peau pour arriver dans la microcirculation puis dans la circulation générale.
Ne jamais utiliser une HE pure dans le nez, dans l'oreille ou sur les zones ano-génitales, ni autour ou sur les yeux; les hydrolats, eux, peuvent être utilisés.
Ne pas utiliser en aérosol chez les personnes allergiques ou asthmatiques.
Les HE s'utilisent de manière ponctuelle, sans usage prolongé.

Les HE peuvent être:
- **photosensibilisantes** par voie cutanée et orale (à degré moindre). C'est le cas de toutes les essences (citrus) et de l'angélique;
- **dermocaustiques.** Les HE riches en phénols et en aldéhydes sont irritantes pour la peau et les muqueuses. Le taux de dilution doit être de 20% au maximum;
- **allergisantes**. Le laurier, la cannelle, la menthe, utilisés sur de longues durées et selon le terrain de la personne;
- **hépatotoxiques et néphrotoxiques.** C'est le cas des HE à phénols (à fortes doses prolongées). Par voie orale et sur de longues périodes, les terpènes (pins, sapins, genévriers) peuvent provoquer une inflammation du rein;
- **neurotoxiques épileptisantes et abortives.** C'est le cas des cétones. La plupart de ces HE sont généralement interdites à la vente (sauge officinale, absinthe, thuya...). La **menthe poivrée** par exemple contient des cétones, c'est pour cela qu'elle est contre-indiquée chez les femmes enceintes, les enfants et les personnes ayant des pathologies neurologiques. Le **camphre** est également une cétone (bornéone); il est toxique en grande quantité, en interne ou en petite quantité mais sur de longues périodes. Il risque de provoquer des convulsions. Il est également interdit aux femmes enceintes et aux enfants.

Les HE par voie orale

Il est possible d'ingérer certaines HE dont l'effet est à visée digestive, antispasmodique notamment, comme la menthe poivrée, le citron, le basilic…

On dépose une ou deux gouttes sur un support comme un petit morceau de sucre (non raffiné), du miel, de l'huile végétale ou un support neutre (vendu en pharmacie).

Les huiles essentielles seront ainsi résorbées par voie sublinguale et diffusées dans tout l'organisme.

Si l'on ne souhaite pas utiliser de support, on peut déposer directement une goutte sur le dos de la main dans la zone située entre le pouce et l'index, que l'on va ensuite lécher. Attention, appliquez bien toute la surface de la langue, dessus, dessous, en prenant votre temps. Si vous sucez la peau, vous sentirez l'effet sur vos lèvres, faites l'expérience avec la menthe poivrée.

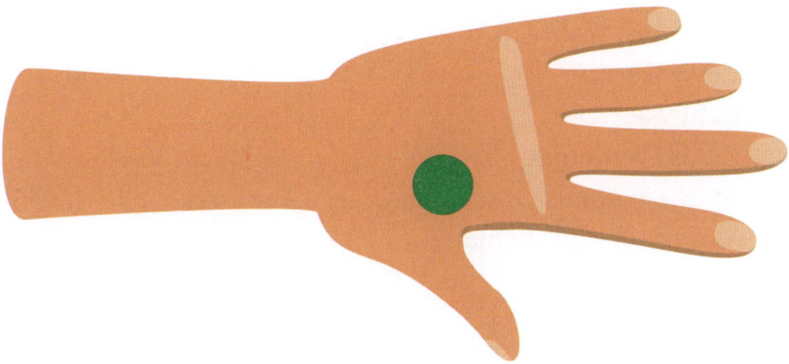

Un mot sur les hydrolats

Comme on l'a vu, grâce à la méthode d'extraction des HE, on obtient également l'hydrolat, encore appelé eau aromatique ou eau florale. Ils sont surtout connus pour leurs usages cosmétiques comme pour l'eau de rose ou l'eau de bleuet, ou culinaires comme pour l'eau de fleur d'oranger. Néanmoins, ils possèdent eux aussi des vertus thérapeutiques non négligeables. La thérapie par l'utilisation des hydrolats, ou HA, est appelée hydrolathérapie.

L'important est de pouvoir s'en procurer qui soient de bonne qualité. C'est-à-dire qu'il n'y ait pas d'ajout d'autres substances ni de conservateurs. **Un hydrolat digne de ce nom ne contient rien d'autre que le produit de la distillation de la plante. Cela signifie que l'on doit pouvoir l'utiliser autant en externe (lotion) qu'en interne, à boire dilué dans de l'eau.**

Il faut donc bien lire l'étiquette, il ne doit rien avoir d'autre dans les ingrédients que le nom latin de la plante.

L'autre « inconvénient », c'est qu'ils ont une durée de conservation assez courte (de 2 à 3 mois éventuellement au frigo) ; de ce fait, on n'a pas forcément celui dont on a besoin toujours sous la main.

Quelques hydrolats intéressants pour les sportifs :

Hélichryse

Bleus – œdèmes

Antihématome, circulatoire et cicatrisant, elle favorise la résorption des hématomes et active la microcirculation périphérique.

En compresse à appliquer sur les zones concernées y compris les yeux.

Basilic

Spasmes digestifs – stress, anxiété, angoisse

Très intéressant pour tous les problèmes de la sphère digestive et les spasmes en tout genre.

Bleuet

Yeux irrités – peau sèche

Il est anti-inflammatoire, adoucissant et légèrement astringent.

Il s'utilise surtout en compresses oculaires et en lotion pour la peau.

Camomille noble

Peau réactive – inflammations cutanées

Anti-inflammatoire, cicatrisant de la peau et des muqueuses, il s'utilise en lotion pour les peaux sèches, sensibles ou irritées.

En interne, c'est un sédatif et un tonique amer qui calme les troubles digestifs, les spasmes gastriques et intestinaux.

Fleur d'oranger

Stress – nervosité

En interne, il calme, équilibre le système nerveux et favorise l'endormissement.

En lotion, il peut être utilisé pour les soins de la peau.

Menthe poivrée

Nausées – digestion

Antiseptique, analgésique, digestif et antispasmodique, il est incontournable dans tous les troubles digestifs.

5. La trousse aroma du sportif

Je propose ici quelques huiles essentielles parmi celles qui me semblent les plus appropriées à la vie d'un sportif, que ce soit pour soigner des blessures liées à la pratique sportive ou pour contribuer au soutien de l'équilibre nerveux nécessaire notamment lors de période d'entraînement ou de compétition.

Basilic tropical ou exotique - *Ocimum basilicum*

Famille botanique : Lamiacées

Organe producteur : les parties aériennes

Constituants

Il existe plusieurs types chimiques de l'HE de basilic : le basilic grand vert à linalol, le basilic sacré à eugenol notamment.

L'HE de basilic qui nous intéresse ici est surtout celle qui est riche en méthyl-chavicol (ou estragol), elle est proche de l'HE d'estragon. Elle contient également des monoterpénols, des esters et de l'eugénol.

Propriétés et indications

Neurorégulatrice et **antispasmodique des fibres musculaires lisses** par effet parasympatholytique (actif sur le système nerveux autonome), elle est utile dans les douleurs gastriques, la spasmophilie et les dystonies neurovégétatives (spasmes, angoisse avec oppression, tensions internes). Elle apaise, calme et détend.

Elle possède également des vertus antalgiques qui peuvent aider à soulager les douleurs articulaires et musculaires. Elle peut être utilisée en mélange dans les formules topiques des tensions musculaires, contractures, crampes.

Modes d'utilisation

En externe

On peut la diluer dans de l'huile végétale (de 3 à 4 gouttes dans une noisette d'huile). À utiliser en massage sur l'abdomen pour les troubles liés au système digestif.

En interne

On peut aussi l'avaler : 2 gouttes sur un petit morceau de sucre de canne ou un support neutre. À renouveler si nécessaire.

Précautions

Ne pas dépasser 6 gouttes par jour.

Interdite aux enfants de moins de 12 ans.

Bouleau jaune - *Betula alleghaniensis*

Famille botanique : Bétulacées

Organe producteur : l'écorce

Constituants

Elle contient du salicylate de méthyle (un ester) en grande quantité tout comme la gaulthérie qui serait quant à elle plus efficace dans les manifestations aiguës.

Propriétés et indications

Anti-inflammatoire majeur et antalgique, elle est efficace dans les **douleurs musculaires, articulaires et tendineuses**. Elle peut être utilisée pour l'échauffement musculaire. Elle possède des propriétés drainantes des toxines à utiliser notamment sur les terrains acides et dans les douleurs chroniques. Elle est myorelaxante* et utilisée dans les contractures musculaires, crampes.

Modes d'utilisation

En externe

Diluée dans une huile végétale (à 20%) pour effectuer des massages des articulations et des muscles douloureux.

Précautions

Ne pas utiliser chez les enfants de moins de 12 ans.

Ne pas utiliser en cas d'allergie à l'aspirine.

Ne pas utiliser en association avec les traitements anticoagulants.

Elle est dermocaustique et irritante pour la peau, elle doit donc toujours être diluée.

Camomille romaine - *Chamaemelum nobile*

Famille botanique : Astéracées

Organe producteur : la fleur

Constituants

Elle renferme des esters en grande quantité (angélates d'isobutyle).

Propriétés et indications

L'HE de camomille romaine est sédative **calmante du système nerveux central**, spasmolytique des muscles lisses et hypotensive. On l'utilise en cas de stress, de chocs, d'anxiété ou de dépression. Elle est également anti-inflammatoire et utilisée notamment en cosmétique pour ses propriétés apaisantes de la peau.

Modes d'utilisation

En externe

Pure, 1 ou 2 gouttes sur la face interne des poignets, à respirer lentement et profondément, ou en dilution dans une huile végétale pour une application en massage sur le plexus.

On peut incorporer 1 ou 2 gouttes d'HE de camomille noble dans un mélange apaisant des inflammations de la peau.

Ciste - *Cistus ladanifer* ou *Cistus ladaniferus*

Famille botanique : Cistacées

Organe producteur : le rameau feuillé

Constituants

Le ciste qui provient de Corse est le plus riche en alpha-pinène et possède des effets thérapeutiques plus puissants que celui d'autres origines.

Propriétés et indications

L'HE de ciste est **antihémorragique puissante** et cicatrisante. Ses propriétés sont utilisées dans la sphère cutanée. Elle possède en outre une activité inhibitrice de la croissance bactérienne.

Modes d'utilisation

En externe

Diluée à 10% dans une huile végétale pour une application cutanée cicatrisante.

Précautions

Ne pas utiliser chez les enfants de moins de 6 ans.

Citron - *Citrus limonum*

Famille botanique : Rutacées

Organe producteur : le zeste

Il s'agit d'une essence et non d'une HE, elle est extraite par pression mécanique.

Constituants

L'essence de citron contient du limonène, des pinènes et des terpinènes.

Propriétés et indications

Active sur la sphère hépato-digestive, elle renforce le système hépatique lors d'excès alimentaires ou médicamenteux. Elle est très **efficace sur les nausées et les brûlures d'estomac**. Elle possède également des propriétés équilibrantes du système nerveux, antistress et antifatigue, lors des convalescences notamment. Des études révèlent qu'elle agit sur les neurotransmetteurs et notamment la sécrétion de dopamine. Elle est, par ailleurs, souvent utilisée en aromathérapie pour ses vertus hépatoprotectrices ; on l'associe à des HE potentiellement toxiques pour le foie comme les HE à phénols.

Modes d'utilisation

En interne

1 ou 2 gouttes sur un petit morceau de sucre de canne ou un support neutre à laisser fondre en bouche. Renouveler si nécessaire jusqu'à 5 fois par jour (nausées).

Pour le mal des transports, anticiper au moins une prise.

En olfaction

On peut aussi l'inhaler sur un mouchoir pour le mal des transports, les nausées et vomissements ou la fatigue.

En externe

On peut l'utiliser diluée dans une huile végétale, en mélange avec d'autres HE, en massage sur le plexus en cas de stress et déprime.

Épinette noire - *Picea mariana*

Famille botanique : Abiétacées

Organe producteur : les feuilles (aiguilles)

Constituants

Elle possède une teneur élevée en esters (acétate de bornyle), des pinènes.

Propriétés et indications

Elle est stimulante du système nerveux, à la fois calmante de la nervosité et tonifiante en cas de fatigue physique et mentale. Elle possède un effet **cortisone-like** qui peut être utilisé dans les états d'épuisement.

En olfaction, elle posséderait une action sur les blocages émotionnels.

Modes d'utilisation

En externe

1 ou 2 gouttes dans une noisette d'huile végétale en massage sur les surrénales, 1 ou 2 fois par jour.

Précautions

Elle peut être irritante y compris des voies respiratoires chez les personnes sensibles.

Ne pas utiliser sur des durées longues, de plus de 3 semaines.

Ne pas utiliser chez les enfants de moins de 12 ans.

Eucalyptus citronné - *Eucalyptus citriodora*

Famille botanique : Myrtacées

Organe producteur : les feuilles

Constituants

L'HE d'eucalyptus citronné contient surtout des aldéhydes terpéniques (citronellal) et des alcools (citronellol, géraniol).

Propriétés et indications

L'HE d'eucalyptus citronné est un **puissant anti-inflammatoire, antalgique et myorelaxant**. Elle peut être utilisée dans les douleurs inflammatoires des tendinites, entorses, épicondylites, torticolis, élongations, contractures musculaires, etc. Elle peut être également utilisée dans les pathologies articulaires, l'arthrite, l'arthrose et les rhumatismes. Son mécanisme d'action est similaire à celui des anti-inflammatoires non stéroïdiens, à savoir qu'elle inhibe la synthèse des prostaglandines, médiateurs de l'inflammation.

Modes d'utilisation

En externe

Diluée à 20% dans une huile végétale pour des massages anti-inflammatoires.

Elle est souvent associée au romarin à camphre et à la gaulthérie couchée.

Précautions

Ne pas utiliser chez les enfants de moins de 6 ans.

Gaulthérie couchée - *Gaultheria procumbens*

Thé du Canada

Famille botanique : Éricacées

Organe producteur : la feuille

Constituants

Elle est exceptionnelle car constituée presque exclusivement (à 99%) d'un ester : le salicylate de méthyle, qui possède une très forte capacité de pénétration à travers la peau.

Propriétés et indications

Anti-inflammatoire et antalgique puissant. Elle est **très efficace dans toutes les douleurs musculaires** ou articulaires inflammatoires. On peut l'utiliser pour soigner les entorses, les tendinites, les élongations, les crampes, les contractures musculaires et les poussées d'arthrose. Elle est également indiquée pour la préparation à l'effort sportif ainsi que pour la relaxation des muscles après l'effort.

Modes d'utilisation

En externe

Elle constitue la base anti-inflammatoire des préparations topiques, incorporée à du gel d'aloès ou à une huile végétale.

Elle est utilisée en synergie avec les HE de poivre noir, d'eucalyptus citronné, de romarin à camphre, de menthe poivrée.

Précautions

Elle est dermocaustique et irritante pour la peau, elle doit toujours être diluée.

Elle risque de potentialiser les antiagrégants plaquettaires (salicylate de méthyle).

Elle est interdite par voie orale.

Ne pas utiliser chez les enfants de moins de 12 ans.

Ne pas utiliser en cas d'allergie à l'aspirine.

Géranium rosat - *Pelargonium graveolens*

Famille botanique : Géraniacées

Organe producteur : les feuilles

Constituants

Elle renferme des alcools (monoterpénols), citronellol, géraniol, des esters (formiate de citronellyle).

Propriétés et indications

Hémostatique, elle favorise la coagulation et donc l'arrêt du saignement. Elle est également stimulante de la **réparation des tissus** et de la régénération des cellules. Ses propriétés puissantes de cicatrisation sont efficaces sur les plaies et les brûlures. Elle possède en outre des propriétés antifongiques*, notamment sur les mycoses cutanées.

Modes d'utilisation

En externe

- **Saignements, plaies**

1 ou 2 gouttes sur une compresse pour arrêter les saignements.

- **Cicatrisation**

1 ou 2 gouttes pures ou diluées, en synergie avec des HE de ciste ou d'hélichryse.

- **Mycoses**

1 ou 2 gouttes pures ou diluées, en synergie avec les HE de tea tree ou de laurier noble, 3 fois par jour jusqu'à disparition.

Gingembre - *Zingiber officinale*

Famille botanique: Zingibéracées

Organe producteur: le rhizome

Constituants

Sesquiterpènes (zingibérène, curcurmène), des monoterpénols (linalol) et des aldéhydes (néral, géranial).

Propriétés et indications

L'huile essentielle de gingembre possède des **propriétés anti-inflammatoires**, antalgiques et antioxydantes. Par voie locale, elle est fortement réchauffante et révulsive, c'est-à-dire qu'elle provoque une irritation locale en activant la circulation sanguine en surface de la peau, ce qui a pour effet de faire cesser l'inflammation. On peut l'utiliser dans l'arthrose, l'arthrite, les rhumatismes, la fatigue musculaire, les douleurs musculaires et articulaires. C'est également un **très bon tonifiant** en cas d'asthénie et tonique digestif utile dans l'aérophagie, les flatulences, la constipation, les nausées.

Modes d'utilisation

En interne

- **Constipation, ballonnements, nausées...**

1 ou 2 gouttes sur un support ou dans une cuillerée à café d'huile d'olive.

En externe

- **Douleurs rhumatismales, articulaires, fatigue musculaire**

Diluée à 20% au maximum dans une huile végétale.

Précautions

Ne pas associer à l'HE de gaulthérie à cause de son pouvoir révulsif* qui provoquerait un effet trop intense.

Ne pas utiliser chez les enfants de moins de 6 ans.

Hélichryse, ou immortelle – *Helichrysum italicum*

Famille botanique : Astéracées

Organe producteur : les sommités fleuries

Constituants

L'HE d'hélichryse contient des monoterpénols, des esters et des dicétones, notamment l'italidione qui est la molécule la plus active. Par un processus de chélation*, elle mobilise l'hémoglobine et permet l'évacuation de l'épanchement.

Propriétés et indications

Anti-inflammatoire, antalgique, désclérosante, **décongestionnante tissulaire**, elle agit remarquablement et rapidement sur les hématomes et possède de puissantes propriétés cicatrisantes. Elle s'utilise en cas de choc, traumatisme, bleu, bosse, coup, entorse, hématome, fracture, contusion ou œdème des membres inférieurs.

Modes d'utilisation

En externe

Appliquer quelques gouttes pures ou diluées, selon l'étendue de la zone, dans du gel d'aloès, de l'huile végétale de calophyllum ou d'arnica.

Au moins 3 fois par jour.

Laurier noble - *Laurus nobilis*

Famille botanique : Lauracées

Organe producteur : la feuille

Constituants

Eucalyptol (1,8 cinéole), eugénol (phénol), des monoterpénols, des esters.

Propriétés et indications

L'huile essentielle de laurier noble est **antalgique, décontracturante ; c'est un antinévralgique** efficace possédant une très bonne tolérance. On utilise de plus en plus couramment ses propriétés sur les douleurs dentaires. Antibactérienne, antivirale, mucolytique et expectorante, elle est indiquée dans les bronchites, les sinusites et les grippes. Elle est également antifongique et peut être utilisée dans les mycoses. Elle est aussi **régulatrice du système nerveux** sympathique et parasympathique, neurotonique et stimulante cérébrale. Elle est utilisée dans les situations de trac, de manque de confiance en soi, où elle apporte à l'individu une certaine domination de lui-même.

Modes d'utilisation

En externe

Douleurs

Diluée dans une huile végétale généralement en synergie avec d'autres HE anti-inflammatoires à appliquer sur les douleurs.

Douleurs dentaires, aphtes, gingivites

1 ou 2 gouttes pures sur un coton-tige.

Mycoses

1 ou 2 gouttes pures ou en synergie avec d'autres HE.

Manque de confiance en soi

Diluée dans une huile végétale en massage sur le plexus et la nuque, ou 1 goutte pure sur la face interne des poignets à respirer lentement et profondément.

Précautions

Ne pas utiliser chez les enfants de moins de 6 ans.

Prudence pour les personnes avec terrain allergique.

Lavande officinale - *Lavandula officinalis* Syn. *vera* Syn. *angustifolia*

Famille botanique : Lamiacées

Organe producteur : les fleurs

Constituants

Elle contient du linalol, une molécule possédant un effet anesthésique local par réduction du temps d'ouverture des canaux ioniques de la jonction neuromusculaire par blocage de certains canaux (ions sodium et calcium)... Elle renferme aussi de l'acétate de linalyle et des terpinènes.

Propriétés et indications

Elle possède des effets **antalgiques** par action sur les récepteurs (opioïdes, dopaminergiques), anti-inflammatoires, spasmolytiques et sédatifs. Elle est intéressante dans les **neurotonies** (forte émotivité, spasmophilie et tachycardie). L'HE de lavande est également une très bonne cicatrisante cutanée. Elle s'utilise sur les affections cutanées nécessitant un effet anti-inflammatoire, les brûlures, les frottements, les prurits, les escarres, la couperose...

Modes d'utilisation

En externe

Appliquer pure (elle est d'une tolérance exceptionnelle) ou diluée sur la zone à traiter (brûlures).

Elle peut être diluée en massage et/ou en olfaction pour ses propriétés antispasmodiques et antistress.

Lavandin super - *Lavandula hybrida*

Famille botanique : Lamiacées

Organe producteur : les fleurs

Constituants

Hybride naturel de la lavande officinale et de la lavande aspic, il contient des esters (acétates de linalyle, de géranyle, de bornyle), des alcools (linalol, géraniol, lavandulol) et des cétones (camphre).

Propriétés et indications

Antispasmodique et anti-inflammatoire, l'HE de lavandin super est utilisée pour **soulager les crampes et contractures** musculaires. Elle est assez proche pour ses propriétés (antistress, antiseptique) de l'HE de lavande officinale ; elle contient néanmoins du camphre en plus ou moins forte proportion.

Modes d'utilisation

En externe

En massage, diluée à 20 % comme décontractant musculaire.

Précautions

Ne pas utiliser chez les enfants de moins de 6 ans.

Lentisque pistachier - *Pistacia lentiscus*

Famille botanique : Anacardiacées

Organe producteur : les feuilles et rameaux

Constituants

Elle renferme des terpènes, sesquiterpènes et monoterpénols.

Propriétés et indications

Décongestionnante veineuse et lymphatique, elle peut être utilisée en cas de jambes lourdes, stases lymphatiques, ecchymoses, escarres, œdèmes, épanchements de synovie, etc. Elle peut être utilisée sur les traumatismes de type entorse en synergie avec d'autres HE comme l'hélichryse, l'eucalyptus citronné ou la menthe poivrée.

Modes d'utilisation

En externe

En massage dans les troubles veineux et lymphatiques, diluée de 10 à 20 % au maximum dans une huile végétale.

Précautions

Ne pas utiliser chez les enfants de moins de 6 ans.

Marjolaine - *Origanum majorana*

Marjolaine des jardins, marjolaine à coquilles

Famille botanique: Lamiacées

Organe producteur: la sommité fleurie

Constituants

Elle renferme des alcools (linalol, thujanol), des terpènes (pinène, sabinène) et des esters.

Propriétés et indications

Elle possède une action antispasmodique et **équilibrante du système nerveux**. Elle agit comme neurorégulatrice des manifestations liées au stress, angoisses, dépressions, vertiges, irritabilité, agitation. On peut l'employer dans les dystonies neurovégétatives de tout type: respiratoire (toux spasmodique), cardiovasculaire (hypertension, palpitations) et digestive (aérophagie, ballonnements). Stimulante, avec un effet euphorisant, elle redonne l'impulsion du passage à l'action et de l'enthousiasme lors d'une baisse d'énergie, de fatigue, de mal-être.

Modes d'utilisation

En externe

Diluée dans une huile végétale à 20%, en massage sur le plexus.

En olfaction

1 ou 2 gouttes sur la face interne des poignets à respirer lentement et profondément.

Précautions

Ne pas utiliser chez l'enfant de moins de 6 ans.

Menthe poivrée - *Mentha piperita*

Famille botanique : Lamiacées

Organe producteur : la feuille

Constituants

La molécule principale de la menthe poivrée est bien sûr le menthol (alcool monoterpénique). Les autres molécules sont des cétones (menthone, pipéritone), des esters (acétate de menthyle) et des sesquiterpènes ; elles représentent environ 30 % du *totum*.

Elles complètent l'action antalgique du menthol par des effets anti-inflammatoires et cicatrisants et permettent ainsi un effet thérapeutique global, notamment sur les traumatismes.

Propriétés et indications

Fortement antalgique, la menthe poivrée en huile essentielle constitue **l'une des HE clés du sportif.** La molécule de menthol possède un effet hypothermisant, qui abaisse le seuil de perception des récepteurs thermiques de la peau, dû à la vasoconstriction sous-cutanée intense qu'il provoque. Le froid réduit l'intensité de la douleur par un mécanisme d'inhibition de la conduction et de la propagation des messages de la douleur le long des circuits nerveux. Les différentes molécules présentes dans l'huile essentielle de menthe poivrée **agissent en synergie** et possèdent une action réparatrice des lésions tissulaires, ce qui la fait préférer à la molécule de menthol à l'état isolé.

Le Dr Pénoël a constaté que l'application de l'HE de menthe poivrée amène une sédation non seulement ultrarapide mais également durable comparativement à l'utilisation d'une anesthésie locale du type xylocaïne, qui consiste à endormir une zone de manière transitoire. L'expérience montre que la douleur revient en force après un temps relativement court. Lors de l'utilisation de l'HE de menthe poivrée en « riposte immédiate », des centaines de cas ont montré que le cercle vicieux douleur/réaction inflammatoire/douleur plus intense, etc., se trouve littéralement étouffé dans l'œuf et n'a pas le temps de se mettre en place.

L'HE de menthe poivrée est indiquée en local dans les traumatismes fermés, chocs, coups, entorses, et les migraines. Elle est également très efficace en interne dans les problèmes digestifs, nausées, spasmes, en prévention du mal des transports, en cas de coup de pompe et de baisse de tension.

...

Modes d'utilisation

En externe

Appliquer 1 ou 2 gouttes pures sur la zone à traiter, à renouveler jusqu'à 3 fois par jour.

Diluée en mélange pour massage.

Exemple

Formule tendinites (genou, épaule, coude)
HE de menthe poivrée
HE de romarin
HE de gaulthérie

En interne

1 goutte sur un support ou à laper directement sur le dos de la main (voir page 107).

Précautions

Ne pas se toucher les yeux ou les parties sensibles avec les doigts après avoir utilisé la menthe poivrée.

Elle est interdite aux enfants de moins de 6 ans.

Poivre noir - *Piper nigrum*

Famille botanique : Pipéracées

Organe producteur : les baies

Constituants

Elle contient des terpènes.

Propriétés et indications

L'HE de poivre noir est antalgique, antispasmodique musculaire et **chauffante**. Elle est très intéressante pour son effet chauffant, qui permet de relaxer les muscles. On peut ainsi l'utiliser dans les douleurs articulaires ou musculaires (mais pas les inflammations) et en préparation d'un effort musculaire intense. Elle est également tonique psychique et stimulante pour soutenir l'effort de concentration.

Modes d'utilisation

En externe

Diluée à 10% seule ou en mélange avec d'autres HE en massage sur les douleurs musculaires.

Précautions

Elle est évidemment dermocaustique et doit donc absolument être diluée pour les applications cutanées.

On ne doit pas l'utiliser sur les zones enflammées (pas sur les mots en ITE : tendinites, épicondylites, etc.).

Ne pas utiliser chez les enfants de moins de 12 ans.

Petit grain bigarade – *Citrus aurantium var. amara*

Famille botanique : Rutacées

Organe producteur : la feuille

Constituants

Elle renferme des esters (acétate de linalyle) et des alcools (linalol, nérol).

Propriétés et indications

Elle est relaxante, sédative, antidépressive et antispasmodique. Elle est efficace dans les **troubles nerveux** comme l'angoisse, l'anxiété, les palpitations, la fatigue mentale, les insomnies. Elle facilite l'endormissement, et son effet antidépresseur agit sur les états de tristesse, de mélancolie, de lassitude. Son odeur est très douce et agréable, rappelant un peu la fleur d'oranger ; elle fait l'unanimité en général.

Modes d'utilisation

En externe

Diluée dans une huile végétale, seule ou en mélange avec d'autres HE à visée relaxante, en massage sur le plexus et la nuque.

En olfaction

1 ou 2 gouttes sur la face interne des poignets à respirer lentement et profondément.

Romarin à camphre - *Rosmarinus officinalis*

Famille botanique : Lamiacées

Organe producteur : la feuille

Constituants

Attention : il existe 3 HE de chémotypes (CT) différents de romarin ! Pour les HE, il peut exister plusieurs chémotypes (ou types chimiques) pour la même espèce selon l'endroit ou elle pousse, c'est le cas notamment du thym et du romarin.

Celui qui nous intéresse ici est le CT à camphre.

Propriétés et indications

Le camphre est un antinévralgique, anti-inflammatoire, révulsif et relaxant des muscles striés. Puissant **myorelaxant** (relaxant musculaire), l'HE de romarin peut s'utiliser pour la gestion des douleurs chez le sportif ; elle aurait la capacité de dissoudre les cristaux d'acide lactique et d'acide urique provenant de la contraction musculaire. Elle peut s'utiliser avant et après l'effort pour la récupération.

Modes d'utilisation

En externe

Diluée dans une huile végétale seule ou en synergie avec d'autres HE en massage sur les douleurs et contractions musculaires.

Précautions

Le camphre est neurotoxique, ne pas utiliser en interne.

Ne pas utiliser chez les enfants de moins de 12 ans.

Tea tree (arbre à thé) - *Melaleuca alternifolia*

Famille botanique : Myrtacées

Organe producteur : les feuilles

Constituants

Elle possède un taux très élevé (40 %) de terpinéol, un alcool monoterpénique.

Propriétés et indications

Son activité anti-infectieuse a fait l'objet de nombreuses études. Elle est efficace contre le développement des bactéries pathogènes et dans leur élimination. Elle permet de **désinfecter toutes les plaies**, coupures, blessures, brûlures, égratignures, piqûres, griffures, morsures. Son action anti-infectieuse est également efficace sur la sphère ORL en cas d'angine, d'otite, de sinusite ou de rhinopharyngite. Elle possède également une action antifongique efficace sur les mycoses cutanées.

Modes d'utilisation

En externe

Elle peut s'utiliser pure à raison de 1 ou 2 gouttes appliquées sur les zones concernées, ou diluée dans une huile végétale ou du gel d'aloès.

Précautions

Utilisée pure, elle peut être un peu irritante pour les peaux sensibles.

Choisir une huile végétale (HV)

Nom	Propriétés	Indications
Abricot (noyau)	Très pénétrante Adoucissante	Excipient pour les HE Cosmétique
Amande douce	Pénétrante Hydratante Adoucissante, apaisante	Excipient pour les HE Gerçures, crevasses, irritations, démangeaisons
Arnica (macérat)	Apaise les tensions musculaires Contrôle les épanchements	Traumatismes, coups, bleus
Calophyllum	Anti-inflammatoire Antalgique léger Antiradicalaire, cicatrisante Tonique circulatoire	Excipient pour les HE Soins musculaires, tendineux, articulaires Cosmétique
Jojoba	Antioxydante Active le métabolisme de la peau Renforce le film hydrolipidique	Cosmétique Filtre solaire léger
Macadamia	Pénétrante Antioxydante Apaisante, adoucissante	Excipient pour les HE (non grasse)
Millepertuis (macérat)	Anti-inflammatoire Antalgique Apaisante, adoucissante Régénératrice cutanée	Excipient pour les HE Douleurs inflammatoires Brûlures, coups de soleil
Noisette	Très pénétrante Adoucissante	Excipient pour les HE (fluide, non grasse)

III. Soutenir le corps

La pratique sportive, quelle que soit son intensité, peut révéler certains déficits ou fragilités. Ceux-ci doivent être corrigés pour éviter les risques d'accident, et entretenir les capacités et la bonne santé du corps.

1. Les besoins de l'organisme du sportif

Les sportifs ne sont pas des humains différents des autres mais, du fait de leur activité, les besoins de leur organisme peuvent se révéler plus intenses. Les apports nutritionnels sont primordiaux. Cependant, certaines complémentations micronutritionnelles sont parfois indispensables pour retrouver ou garder un équilibre essentiel à l'organisme du sportif.

Les besoins physiologiques : nutriments et micronutriments

Le fer

Composant de l'hémoglobine, qui assure le transport de l'oxygène par les globules rouges. L'effort physique relativement intense entraîne une hémolyse* (destruction des globules rouges) plus importante que la normale. Les analyses révèlent que la présence de sang dans les selles est quatre fois supérieure chez le sportif.

Les femmes ont un déficit en fer plus fréquent lié à la perte de sang lors des règles.

Les besoins quotidiens en fer sont en moyenne de 15 mg pour un homme et 18 mg pour une femme.

Son déficit entraîne fatigabilité, baisse des performances physiques et intellectuelles, dyspnée* à l'effort, palpitations.

Il existe sous deux formes différentes dans l'alimentation. Le fer héminique est celui qui se trouve dans les viandes et les poissons ; le fer non héminique se trouve dans les végétaux, céréales, légumineuses, les laitages et les œufs. Le fer héminique est très facilement assimilé par l'organisme, contrairement au fer non héminique.

Manger beaucoup de viande rouge pour compenser un déficit en fer n'est pas forcément la meilleure solution… Cela risque au contraire d'entraîner d'autres désagréments comme l'installation d'acidité métabolique.

La vitamine C favorise une bonne absorption du fer, notamment du fer non héminique ; *a contrario*, les laitages et les tanins la diminuent.
Certaines plantes comme le thym contiennent du fer, l'ortie renferme à la fois du fer et de la vitamine C. La spiruline est également un apport intéressant.

Le magnésium

Le magnésium joue un rôle très important dans la performance sportive. Il est impliqué dans de nombreux processus organiques comme la structure des muscles, os, tendons, globules rouges et blancs, neurotransmetteurs, équilibre cardiovasculaire…

En cas de carence, on observe une fatigue, un manque d'énergie, des difficultés de concentration, des crampes et des faiblesses musculaires, des tremblements, une chute importante de la VO_2 max, des blessures musculaires plus fréquentes, une récupération plus longue après l'effort…

En revanche, une prise supplémentaire de magnésium chez le sportif non carencé n'améliore pas ses capacités physiques.

Lors d'un effort intense, un sportif peut perdre jusqu'à 30 mg de magnésium par litre de sueur, soit l'équivalent de 1 heure d'activité.

Les apports journaliers recommandés sont de 6 mg/kg de poids corporel par jour chez l'adulte ayant une activité moyenne. Ce besoin est accru de 10 à 20 % chez le sportif.

On trouve évidemment du magnésium dans l'alimentation, notamment les légumes verts riches en chlorophylle (épinards, choux), les bananes, les fruits secs, les céréales complètes, le chocolat noir, les bigorneaux… et sous forme de compléments alimentaires.

Pour ces derniers, le choix est vaste et parfois déroutant…

Le magnésium est un ion qui doit être associé à un transporteur pour passer la barrière intestinale et être absorbé. C'est donc l'absorption qui est importante et pas forcément la teneur indiquée sur le complément.

En général, on a le choix entre différents sels de magnésium. Le fameux magnésium marin est le moins bien absorbé par l'organisme. Oxyde de magnésium, carbonate de magnésium, sulfate de magnésium ou chlorure de magnésium possèdent un taux élevé de sels de magnésium mais un faible pouvoir d'absorption et peuvent entraîner des troubles digestifs.

Les chélates (citrate, malate, taurinate, bisglycinate) seraient de meilleurs transporteurs et possèdent également une meilleure tolérance digestive.

L'ortie est une plante qui contient du magnésium, entre autres nombreux minéraux.
L'infusion permet d'apporter les minéraux sous forme ionisée et donc parfaitement absorbée à travers la muqueuse intestinale.

Ainsi 20 g d'ortie fournissent environ 200 mg de magnésium (voir page 54 L'herboristerie du sportif).

Le calcium

Élément constitutif des os, le calcium participe, avec le magnésium, à l'activité de la membrane cellulaire.

Un mot sur les laitages

Sans parler d'une éventuelle intolérance au lactose, il est évident qu'il est intéressant pour la santé du sportif (et de tous) de consommer moins de laitages pasteurisés riches en lactose. Ce, malgré la publicité qui continue à préconiser au moins 3 produits laitiers par jour, sans distinction, au même titre que les 5 fruits et légumes… Permettez-moi d'émettre une petite nuance…

Le lait cru, plutôt que pasteurisé, de petits animaux comme la brebis ou la chèvre se digère mieux et plus rapidement. Et bien sûr, on veillera à la provenance du lait pour qu'il ne contienne pas (trop) de pesticides, d'hormones et autres…

Le silicium

Il agit sur les articulations, les tendons et les ligaments en améliorant la synthèse de l'élastine et du collagène. Il renforce les tendons, les ligaments et les cartilages, et permet une plus grande résistance en cas de chocs et de sollicitation. Il limite notamment le risque de tendinites.

Il aide les os à assimiler le calcium, la glucosamine, la chondroïtine, le phosphore qui sont ses éléments constitutifs. Ainsi, il augmente la densité et la résistance osseuses et diminue le risque de fracture.

Le silicium possède une action tonique générale ; il facilite les échanges cellulaires nécessaires au bon fonctionnement des muscles pendant l'effort.

On trouve du silicium, ainsi que beaucoup d'autres minéraux (comme le calcium, le potassium, le manganèse) dans la prêle et l'ortie.

Les antioxydants

Ce sont les éléments qui permettent de lutter contre les pro-oxydants qui provoquent le stress oxydatif produisant des radicaux libres, ceux qui font rouiller le système. Il paraît que les sportifs ont un risque plus élevé de développer des maladies inflammatoires dues au stress oxydatif. Des études ont montré que les sportifs (de tous niveaux) subissent des dommages du stress oxydatif plus importants que les personnes sédentaires… C'est le monde à l'envers !

Respirer tue !

Coupez une pomme en deux, versez du jus de citron sur l'une des moitiés, laissez-la à l'air, au contact de l'oxygène donc… Que se passe-t-il ?

Voilà l'illustration de l'effet oxydant de l'oxygène et surtout de la protection **par effet antioxydant** (du jus de citron).

L'organisme des sportifs consomme plus d'oxygène, un pro-oxydant qui crée donc plus de radicaux libres au niveau des cellules… En plus, pendant l'effort, l'organisme du sportif produit du cortisol, de l'adrénaline et des protéines de stress.

Je vous épargne de longs chapitres d'explications sur la physiologie, même si c'est très intéressant… Je vous offre directement la solution.

L'alimentation riche en antioxydants (vitamines, bêtacarotènes, flavonoïdes, etc.) est donc incontournable. Voici un scoop : mangez des fruits et légumes de toutes les couleurs et du chocolat (bio, hein !).

Certaines plantes sont particulièrement riches en antioxydants : la **vigne rouge**, le **cassis**, la **myrtille** (elle favorise en plus une amélioration de la vision), le **thé vert**, la **mélisse**.

Les AGE

Les acides gras essentiels, ou acides gras polyinsaturés, du bon gras.

Ils favorisent la fluidité membranaire des globules rouges, permettent la formation des prostaglandines utiles pour contrer les processus inflammatoires.

Ils favorisent la libération et la disponibilité du tryptophane (voir page 146 Sérotonine) au niveau cérébral. Ils régulent le métabolisme des lipides (protection cardiovasculaire et nerveuse), réduisent le taux de cholestérol et le risque de thrombose, et stimulent les défenses immunitaires.

Au niveau alimentaire, c'est très facile, il suffit de consommer des huiles de colza, de chanvre, de noix, de cameline, plusieurs fois par semaine.
Inutile de préciser qu'elles doivent être biologiques, vierges, de première pression à froid.

Les vitamines

Elles sont les catalyseurs des réactions biochimiques indispensables au fonctionnement de l'organisme. Elles permettent de neutraliser les pro-oxydants et de protéger le métabolisme cellulaire.

Les besoins sont accrus chez les sportifs car l'effort génère plus de pro-oxydants (radicaux libres), qui peuvent devenir néfastes au-delà d'une certaine quantité.

De plus, les vitamines hydrosolubles (tout comme les sels minéraux) sont éliminées par la sueur lors des entraînements…

Vitamine A – Rétinol

Elle joue un rôle dans la synthèse des pigments rétiniens et donc de l'acuité visuelle, notamment crépusculaire. Elle stimule le renouvellement et la croissance des cellules.

On la trouve dans les produits animaux comme le beurre, le fromage, les œufs, les poissons gras, et dans les végétaux (caroténoïdes) comme les carottes, les abricots, la mangue, le melon mais aussi les épinards, le fenouil, le pissenlit…

Carence : elle peut être due à un apport alimentaire insuffisant ou une mauvaise assimilation intestinale. Elle affecte la vision.

Vitamine B1 – Thiamine

Elle est liée aux mécanismes de transmission de l'influx nerveux, de respiration cellulaire et d'apport énergétique par la synthèse des glucides dans l'organisme.

On la trouve dans les céréales complètes, la levure de bière, les œufs, les poissons et fruits de mer crus, les asperges, le fenouil.

Carence : aucun risque dans le cadre d'une diversification alimentaire équilibrée. La consommation chronique et excessive d'alcool entraîne un déficit d'absorption de la vitamine B1 et peut être à l'origine d'une carence (anciennement appelée le béribéri), qui se manifeste par de l'asthénie, de la dépression ou des troubles cardiaques.

Vitamine B2 – Riboflavine

Elle est impliquée dans la synthèse des enzymes nécessaires à la production d'énergie et à l'utilisation des nutriments.

Elle intervient dans le métabolisme des hydrates de carbone, acides aminés et des lipides. Elle participe à la synthèse du glycogène, facilite l'utilisation du fer et l'élimination des toxines.

On la trouve dans les œufs, le poisson, la viande, les céréales complètes et les légumineuses.

Carence : aucun risque à très rare dans le cadre d'une diversification alimentaire équilibrée.

Vitamine B3 – PP – Niacine

Elle est impliquée dans la respiration cellulaire et dans la synthèse et la dégradation des hydrates de carbone.

On la trouve dans les céréales complètes, les levures et les produits carnés, les poissons comme le thon, le saumon, la sardine ou le hareng.

Carence : aucun risque dans le cadre d'une diversification alimentaire équilibrée.

Vitamine B5 – Acide pantothénique

Elle participe au métabolisme des glucides, lipides et protéines, à la synthèse des hormones et de l'hémoglobine. Elle facilite la transmission de l'influx nerveux.

On la trouve dans tous les aliments et surtout dans les levures, les céréales complètes, les abats, le jaune d'œuf, les choux.

Carence : une alimentation pauvre composée d'aliments transformés et raffinés pourrait entraîner un déficit se manifestant par de la fatigue, des insomnies, des crampes, des engourdissements des extrémités, des troubles gastro-intestinaux…

Vitamine B6 – Pyridoxine

Elle facilite l'absorption du magnésium, participe à la synthèse de l'hémoglobine et protège les cellules nerveuses.

On la trouve dans les levures, les noix, les poissons et les céréales complètes.

Carence : troubles nerveux, stomatites (inflammations des muqueuses buccales), perte des cheveux.

Vitamine B8 – Biotine

Elle agit sur les cellules de la peau et les muqueuses.

On la trouve dans le jaune d'œuf, les abats, les champignons, les légumineuses.

Carence : très rare dans le cadre d'une diversification alimentaire équilibrée. Les symptômes seraient des troubles d'adaptation à l'effort et des lésions au niveau cutané (dermites) et des muqueuses (candidose).

Vitamine B9 – Folates, acide folique

Elle est active dans les processus de renouvellement, de croissance cellulaire et de métabolisation des acides aminés. Elle est particulièrement importante pour le renouvellement des globules blancs et rouges.

Chez le sportif, l'apport en vitamine B9 doit être optimal, surtout lors de la pratique d'une activité sportive en altitude, notamment en raison de l'accélération du renouvellement cellulaire sanguin.

On la trouve dans les levures, les viandes (le foie notamment), les épinards, les lentilles, le jaune d'œuf, les noix, les fèves et certaines plantes comme la menthe, le romarin.

Carence : elle peut exister lors d'un régime hypocalorique déséquilibré (restrictif). C'est une carence assez commune… qui entraîne dépression, détérioration de l'état cognitif.

Vitamine B12 – Cobalamine

Elle protège le système nerveux, participe à la synthèse des neurotransmetteurs et à la formation du sang.

Les végétaliens peuvent être en carence de vitamine B12 car on ne la trouve que dans les viandes, les œufs et les produits laitiers. Les insuffisances d'apport, une mauvaise absorption intestinale ou certaines maladies peuvent là aussi entraîner une carence.

Carence : le déficit peut entraîner des troubles nerveux (insomnie, dépression), des troubles digestifs, de l'anémie.

Vitamine B15

On la trouve parfois sous l'appellation d'acide pangamique, même si ce n'est pas tout à fait juste. On connaît son utilité (depuis assez récemment) pour les sports d'endurance car elle permet d'augmenter la durée et l'intensité des efforts de longue haleine en économisant l'utilisation du glycogène. Elle intervient dans le processus d'oxygénation des muscles, diminue la dépense de glycogène et l'accumulation d'acide lactique dans les muscles !

On la trouve dans les céréales complètes (riz surtout) et les levures.

Carence : elle entraîne une grande fatigue, des troubles nerveux et cardiaques et une perte d'endurance.

Vitamine C – Acide ascorbique

Elle facilite l'absorption du fer non héminique notamment (celui que l'on trouve dans les légumineuses, les céréales, les légumes et les produits laitiers).

Elle facilite la sécrétion des anticorps antiviraux et antibactériens, augmente le tonus, aide à la récupération, augmente le stockage du glycogène au niveau du foie et des muscles (qui permet la libération du glucose dans le sang, carburant principal des muscles et source d'énergie du corps lors de l'effort), et renforce les tissus conjonctifs, les tendons, les os.

On la trouve dans le persil, le brocoli, le poivron, les choux, le fenouil, le cassis, les fraises, le kiwi, l'acérola…

Carence : c'est le scorbut qui vous guette !

Vitamine D – Calciférol

Associée au phosphore et au calcium, dont elle favorise l'absorption, elle joue un rôle essentiel pour la solidité de la structure osseuse. Ce sont les rayons UV qui permettent à notre organisme de transformer un dérivé du cholestérol en vitamine D. La baisse de luminosité peut ainsi entraîner une carence.

On trouve également des sources de vitamine D dans l'alimentation, dans les œufs, le beurre, les poissons comme le saumon, la sardine, le hareng et le thon ; l'huile de foie de morue est très concentrée en vitamine D.

Carence : elle favorise l'apparition de maladies inflammatoires, auto-immunes et des pathologies neurodégénératives.

Vitamine E – Tocophérols

Elle est antioxydante et protectrice des acides gras qui composent la membrane cellulaire. Elle est impliquée dans les processus anti-inflammatoires, d'agrégation plaquettaire. Elle potentialise l'action du sélénium (antiradicalaire et protecteur du muscle cardiaque et des muscles en général).

On la trouve dans les huiles végétales, les noix, les amandes, les noisettes, les germes (de blé et d'autres céréales), les poissons gras, l'avocat,

Carence : rare ou due à des troubles de l'absorption causés par une maladie (Crohn, céliaque). Elle pourrait causer des problèmes de dégénérescence du tissu musculaire, des troubles neurologiques.

Vitamine K – Phylloquinone (K1) et ménaquinone (K2)

Les vitamines K favorisent la synthèse des facteurs de la coagulation sanguine ; elles sont antihémorragiques et permettent également la fixation du calcium par les os et le maintien du bon état des vaisseaux et des tissus conjonctifs.

On les trouve dans les végétaux (surtout les verts), les produits animaux (surtout le foie) et les produits laitiers fermentés.

Carence : elle peut entraîner des saignements, une calcification des artères, de l'ostéoporose, des leucémies…

Les antivitaminiques K sont des anticoagulants ; ils inhibent l'action de la vitamine K et sont utilisés chez les personnes qui présentent des risques de formation de caillot sanguin.

Les besoins psychiques : le mental, la gestion du stress

Chez le sportif amateur, le sport agit sur le mental alors que chez le sportif de haut niveau, c'est le mental qui agit sur les résultats sportifs.

La sérotonine

Ce neurotransmetteur est parmi les principaux acteurs, avec la dopamine et la noradrénaline, de l'équilibre psychique du sportif ; il est notamment impliqué dans la motivation, la résistance au stress, la tolérance à la douleur, lors de l'entraînement et de la compétition. Le déficit en sérotonine se remarque par l'irritabilité, l'impatience, l'agressivité et les sautes d'humeur. Il peut entraîner également des difficultés d'endormissement.

Les tryptophanes, des acides aminés que l'on trouve dans les protéines et notamment les légumineuses, sont les précurseurs de la sérotonine.

L'état du système digestif est déterminant. Un déséquilibre de la flore intestinale est un facteur limitant l'assimilation du tryptophane. Il peut être en concurrence avec d'autres acides aminés (comme la tyrosine) que l'on trouve dans la viande et les œufs. Le passage du tryptophane serait favorisé par la présence de sucre ; celui-ci est ainsi conseillé dans les complémentations, en fin de journée, un bon goûter, quoi (chocolat, fruits, fruits secs). L'organisme du sportif procède aussi parfois au détournement du tryptophane pour autre chose que la fabrication de sérotonine, au niveau du foie par exemple lors d'un déficit en vitamine B3.

La dopamine et la noradrénaline sont de structure similaire.

La dopamine

Elle est déclenchée par toute activité agréable procurant du plaisir. Elle intervient dans la motivation, le désir, le comportement d'exploration et affecte le mouvement musculaire, la croissance des tissus, la sécrétion de l'hormone de croissance. La carence en dopamine se traduit par un manque de motivation et l'apathie.

La noradrénaline

Elle est sécrétée au niveau des glandes surrénales, et joue un rôle dans l'attention, l'apprentissage, la vigilance et l'équilibre des cycles du sommeil. C'est elle qui permet la préparation du corps à la réaction : accélération du rythme cardiaque, augmentation du flux sanguin vers les muscles et de l'oxygène au cerveau.

Leur synthèse est également dépendante de la présence d'acides aminés, la tyrosine et la phénylalanine.

L'alimentation permet d'apporter ces acides aminés, les protéines bien sûr, et encore une fois les fruits (banane, avocat), les fruits secs, le chocolat…

La dopamine est sécrétée le matin, c'est elle qui nous donne l'impulsion. La sérotonine est sécrétée en fin de journée, elle est plutôt liée à l'apaisement et à la préparation au sommeil.

Là aussi, le **magnésium et le fer** sont des éléments indispensables en tant que cofacteurs de la synthèse de ces neurotransmetteurs.

Les antioxydants comme le **curcuma, le thé vert ou le maté** protègent de la dégradation des neurotransmetteurs. La **rhodiole** est également réputée éviter la dégradation de la dopamine et augmenter le taux de sérotonine. D'autres plantes comme le **romarin** et le **ginkgo** stimulent les neurotransmetteurs et augmentent les taux de sérotonine dans les synapses.

La préparation mentale

Le sportif doit savoir gérer ses émotions pour surmonter des états psychologiques qui pourraient être des freins à la performance, comme la peur qui impacte l'état physique en provoquant transpiration, tremblements, dérèglement du rythme cardiaque, jambes en coton…

La préparation psychologique et mentale fait partie de l'entraînement du sportif au même titre que la préparation physique et technique.

Bien sûr, le stress ne sera pas éliminé, ce ne serait pas possible ni peut-être même souhaitable ; l'objectif est d'apprendre à le gérer pour que puissent s'exprimer toutes les capacités et aptitudes de l'athlète lors de sa performance.

Différentes techniques de préparation mentale sont utilisées, comme l'hypnose, l'autosuggestion, la relaxation, la PNL (programmation neurolinguistique), la sophrologie, etc.

Le mental et l'équilibre psychique peuvent être soutenus aussi par les plantes et les huiles essentielles. Certaines agissent sur le système nerveux et peuvent aider à retrouver l'apaisement en cas de stress et/ou remonter un niveau d'énergie psychique affaibli.

On peut utiliser des plantes calmantes, comme la mélisse, l'aubépine, la passiflore, les HE de lavande officinale, camomille noble, petit grain bigarade, ou des plantes plutôt stimulantes, comme le romarin, le gingembre, les HE de marjolaine, de menthe poivrée, de laurier noble.

Les plantes adaptogènes sont bien sûr ici fort utiles puisqu'elles agissent justement sur l'adaptation au stress.

2. Préparer l'effort

Échauffements, étirements, alimentation adéquate, sommeil de qualité, les objectifs de la préparation à l'effort sont l'optimisation et le maintien des réserves énergétiques, la protection des articulations, la diminution des risques d'accident et le maintien de la vigilance.

Anticipez! Plus on commence tôt, plus les résultats s'installent dans la durée.

Renforcer ses capacités d'adaptation

Les plantes adaptogènes sont très précieuses, notamment en période d'entraînement intense et de compétition.

Elles agissent en stimulant les corticosurrénales, en régulant la sphère neurovégétative et l'axe hypophysaire, et en augmentant les performances de l'activité cérébrale. Elles permettent de s'adapter aux différents types de stress rencontrés, qu'ils soient **physiques ou psychologiques**. On les utilise généralement pour retarder la sensation de fatigue, améliorer la résistance à l'effort, au froid, au besoin d'oxygène, diminuer les réactions émotionnelles et améliorer la résistance aux infections.

Elles se prennent plutôt le matin, en phase avec la sécrétion du cortisol.

Le macérat glycérine de bourgeons de cassis est également adaptogène.

D'autres plantes stimulantes ou fortifiantes seront aussi utiles.

Préparation à une activité physique ou intellectuelle intense
TM romarin 50 gouttes
TM éleuthérocoque 100 gouttes
En mélange le matin dans un verre d'eau.

Préparer l'effort musculaire

On peut réaliser ce mélange pour la préparation musculaire, la prévention des douleurs à utiliser avant et après l'activité sportive.

On prépare à l'avance un flacon de 50 ml.

Formule pour chauffer les muscles
HE de romarin à camphre 25 gouttes
HE de poivre noir 25 gouttes
HE de gaulthérie couchée 50 gouttes
Huile végétale de noisette, de macadamia, ou de calophyllum pour 50 ml.
Masser pour préparer les zones musculaires sollicitées.

Préparer à l'activité en altitude

Si l'on ne peut pas s'entraîner dans les conditions de l'altitude suffisamment à l'avance, le **ginseng**, le **ginkgo**, la **rhodiole** et le **tribulus** sont les plantes indiquées pour prévenir le mal d'altitude dû au manque d'oxygène. On peut les utiliser en association de teintures mères par exemple pour un effet optimal. Le fer joue également un rôle important, participant à la synthèse de l'hémoglobine.

En altitude, les globules rouges captent moins d'oxygène, le sang est mal oxygéné, et, pour compenser, le corps sécrète de l'érythropoïétine, oui, la fameuse EPO ! Le taux de globules rouges va alors augmenter. Si l'on redescend à une altitude normale, la quantité de globules rouges reste élevée et, comme la quantité d'oxygène redevient normale, le muscle en profite et peut consommer plus d'énergie. Le principe des entraînements en altitude est connu et pratiqué dans certains sports mais il doit être encadré correctement, respecter les différentes phases d'adaptation de la fréquence cardiaque et du rythme respiratoire. Il se déroule sur plusieurs semaines.

Augmenter ses capacités respiratoires

J'ai lu que certaines HE décongestionnantes respiratoires (menthe, eucalyptus radiata, laurier noble, etc.) peuvent aider à améliorer la VO_2 max (volume oxygène maximal), débit maximal d'oxygène que l'organisme peut absorber pour subvenir à ses besoins lors de l'effort. Plus la valeur VO_2 max est élevée, plus l'intensité de l'effort peut être maintenue sur la durée. Je n'ai pas trouvé d'études réalisées sur ce sujet ; néanmoins, on peut supposer qu'une décongestion respiratoire serait effectivement bénéfique.

J'ai également trouvé des informations à propos d'un complément alimentaire dont l'indication est l'augmentation de la VO_2 max. Celui-ci contient de l'ortie (encore elle !), de l'échinacée, du pissenlit et de l'extrait de raisin entre autres vitamines et minéraux.

Le facteur qui influence la VO_2 max est l'apport d'oxygène aux fibres musculaires par le système cardiovasculaire. Donc, et pour simplifier, il faut produire beaucoup de globules rouges pour transporter beaucoup d'oxygène, ce que fait l'EPO.

Et quoi d'autre ? L'entraînement, un séjour à la montagne (baisse de saturation en oxygène), et donc les plantes.

Je sélectionnerais pour cela les plantes adaptogènes comme le ginseng, la rhodiole, l'échinacée, l'ortie et… vous allez dire que je radote, la spiruline.

Et l'**ashwagandha**…

Une étude toute récente (2020) sur l'influence potentielle de l'ashwagandha sur la VO_2 max a été menée par des chercheurs espagnols de l'université d'Extremadura. La conclusion de cette étude est que l'ashwagandha améliore la VO_2 max chez les athlètes et les non-athlètes.

Prévenir le mal des transports

Quand on a du mal à supporter les voyages en voiture, en car, en bateau, en avion… on peut avaler avant et pendant le voyage, une à deux gouttes d'essence de **citron** ou d'HE de **menthe poivrée** ou de **basilic** sur un petit morceau de sucre de canne à laisser fondre en bouche. On peut aussi les mélanger.

3 fois par jour au maximum pour les HE de menthe et de basilic.

Si l'on a besoin de répéter les prises plusieurs fois (plus de 3 fois) au cours du voyage, il vaut mieux privilégier l'essence de citron.

L'hydrolat de menthe poivrée à raison d'une cuillerée à café dans un verre d'eau peut aussi être efficace.

Diminuer le stress

Le stress peut provoquer différentes manifestations : angoisse, nervosité, hyperréactivité, hyperémotivité, etc. Selon le cas, on choisit les plantes et/ou les HE les plus adaptées.

La **rhodiole** est traditionnellement utilisée pour traiter la fatigue et les troubles du système nerveux central.

Formule HE agitation
HE de camomille noble 2 gouttes
HE de marjolaine 2 gouttes
Dans une noisette d'huile végétale de noyau d'abricot, de macadamia…
En massage sur le plexus.
Jusqu'à 3 fois par jour.

Formule HE angoisse
HE de lavande officinale 2 gouttes
HE de petit grain bigarade 2 gouttes
Dans une noisette d'huile végétale de noyau d'abricot, de macadamia…
En massage sur le plexus.
Jusqu'à 3 fois par jour.
Et/ou
1 ou 2 gouttes d'HE de basilic sur un petit morceau de sucre de canne pour dénouer si l'angoisse gagne le ventre. À renouveler au maximum 3 fois dans la journée.

En cas d'asthénie mentale :

Formule « fatigue mentale »
HE de marjolaine 2 gouttes
HE de laurier noble 2 gouttes
Dans une noisette d'huile végétale de noyau d'abricot, de noisette…
Masser le plexus.
Jusqu'à 3 fois par jour.
Et/ou
1 ou 2 gouttes d'HE de **menthe poivrée** sur un petit morceau de sucre de canne.
À renouveler au maximum 3 fois dans la journée.

En cas d'asthénie physique :

Formule « coup de pompe »
HE d'épinette noire 2 gouttes
HE de gingembre 1 goutte
Dans une noisette d'huile végétale de noyau d'abricot, de noisette…
Masser le bas du dos au niveau des reins.

3. Soutenir l'effort

Soutenir l'endurance

Une plante incontournable pour améliorer la tolérance à l'effort, notamment pour les sports d'endurance, qui a fait l'objet de nombreuses études est l'**aubépine**.

Son effet s'explique par l'amélioration du flux coronarien et une consommation plus économique de l'oxygène.

Elle accentue la force de **contraction du muscle cardiaque** ; elle augmente la vitesse de conduction de l'influx nerveux des fibres musculaires myocardiques ; elle ralentit la fréquence et diminue l'excitabilité cardiaque. De plus, elle apporte stabilité psychique et une amélioration de la qualité du sommeil.

Elle doit être utilisée plusieurs semaines en amont car elle possède un temps de latence assez long avant de commencer à faire effet. De même, son effet se prolonge sur plusieurs semaines après l'arrêt du traitement.

Améliorer la concentration

Certaines pratiques requièrent une concentration parfaite. Le stress ou la fatigue peuvent provoquer une baisse de la vigilance, une attention moins soutenue, un manque de mémorisation, une perte de vitesse du traitement de l'information.

On peut utiliser des plantes actives sur les capacités cérébrales comme :

– le maté, qui accroît les facultés mentales ;
– le guarana, qui stimule la mémoire ;
– le thé vert, un neuroprotecteur qui améliore la fonction cognitive ;
– le ginkgo biloba, qui améliore la circulation cérébrale, l'oxygénation du cerveau et augmente les capacités cognitives ;
– le romarin, qui protège les cellules et favorise la croissance nerveuse ;
– la rhodiole, qui stimule les fonctions cognitives ;
– l'éleuthérocoque, qui dynamise les capacités intellectuelles et stimule le système nerveux.

Dans les huiles essentielles, on peut utiliser la **menthe poivrée**, tonique nerveuse ; elle améliore la capacité de concentration : 1 ou 2 gouttes à avaler sur un support.

L'**épinette noire**, stimulante : 1 ou 2 gouttes dans une noisette d'huile végétale en massage sur les surrénales. Le **laurier noble** apporte clarté d'esprit et concentration : 1 ou 2 gouttes sur la face interne des poignets à respirer lentement et profondément.

Accompagner l'effort musculaire

Les plantes adaptogènes sont à prendre quelques semaines avant pour que leurs effets se prolongent. On peut utiliser le **tribulus**, par exemple, qui favorise l'endurance, la force physique et l'augmentation de la masse musculaire. La **spiruline** et le **fenugrec**, également à prendre en amont, permettent de renforcer la vitalité musculaire.

Pour un effet plus immédiat, le **maté** aurait également une action sur l'effort musculaire à fournir.

4. Récupérer après l'effort

Les sportifs de haut niveau connaissent l'importance de la récupération après un entraînement. Revenir au calme et s'étirer sont des gestes très importants, trop souvent absents chez les sportifs non professionnels.

Éviter les courbatures, décontracter les muscles

Formule HE
HE de lavande officinale 2 gouttes
HE d'hélichryse 1 goutte
HE d'eucalyptus citronné 2 gouttes

...

...
Dans une noisette d'huile végétale de noyau d'abricot ou d'arnica en massage.

Exemple d'infusion
Achillée 30 g
Passiflore 20 g
Reine-des-prés 20 g
Une cuillerée à soupe rase du mélange par tasse.
De 2 à 3 tasses par jour.

Soulager les inflammations

Formule HE
HE de gaulthérie 2 gouttes
HE de laurier noble 1 goutte
HE de lavande officinale 1 goutte
Dans une noisette d'huile végétale d'arnica ou de calophyllum en massage.

Exemple d'infusion
Ortie 30 g
Cassis 30 g
Frêne 20 g
Une cuillerée à soupe du mélange par tasse.
De 2 à 3 tasses par jour.

On aura aussi recours en interne au curcuma, au bourgeon de cassis, à l'harpagophytum.

Drainer l'organisme

On utilisera des plantes qui facilitent l'élimination des toxines accumulées dans l'organisme.

Exemple d'infusion
Frêne 40 g
Reine-des-prés 20 g
Romarin 20 g
Une cuillerée à soupe du mélange par tasse.
De 2 à 3 tasses par jour.

Le drainage lymphatique

La lymphe transporte les déchets issus de la dégradation cellulaire. Le drainage lymphatique est pratiqué en cas d'œdème, après une opération chirurgicale ou une blessure, comme une entorse.

Formule drainage lymphatique
HE de citron 30 gouttes
HE de lentisque pistachier 20 gouttes
HE de menthe poivrée 10 gouttes
Quelques gouttes du mélange dans une noisette d'huile végétale de calophyllum.

5. La compétition sportive

La compétition est une période intense qui réclame de la part de l'athlète une solidité, tant physique que mentale, inébranlable…

L'état psychologique du compétiteur est déterminant. Le « mental » peut faire la différence entre athlètes de même niveau. La gestion du stress joue donc ici un rôle central.

La préparation mentale

Chez le compétiteur, il peut y avoir une pression très forte quant à l'obligation de résultat. Les attentes de l'entourage, des spectateurs ou des médias sont une charge supplémentaire qui doit être correctement gérée.

Une fragilité psychologique trop importante risque d'entraîner des déséquilibres d'ordre physique et psychique. Peuvent survenir des troubles du comportement alimentaire (boulimie, anorexie) ou social (isolement, dépendance), de l'humeur (dépression, hyperactivité), de la perception de soi (sur ou sous-évaluation, sur ou sous-estimation), des troubles somatiques (excuses, plaintes) et des blessures physiques.

La préparation mentale consiste, dans un premier temps, à identifier les situations et les contraintes que le sportif va devoir maîtriser, surmonter et gérer efficacement.

Il s'agit ensuite de mobiliser les ressources intérieures du sportif, les pensées, l'intuition et le ressenti pour permettre d'aborder l'évènement de manière sereine. Différentes techniques de respiration, de gestion des émotions, de visualisation positive, etc. sont généralement mises en place.

Le droit de perdre

Il ne faut pas oublier que l'on a aussi le droit de perdre. Comme le dit Amélie Mauresmo, numéro un mondiale de tennis de 2004 à 2006, dans *Femmes puissantes* de Léa Salamé : « On perd toujours, surtout dans le sport, c'est ce qui rend la victoire encore plus belle. J'ai longtemps eu la sensation de ne pas avoir le droit de perdre, j'avais honte de la défaite. Pour gagner, il m'a donc fallu apprendre à perdre. »

Pour la gestion des émotions, certaines plantes et huiles essentielles peuvent être avantageusement utilisées.

Selon le type de réaction au stress qui vous caractérise, expression plutôt physique (spasmes, palpitations, nervosité...) ou plutôt psychique (ruminations, fatigue mentale...), vous pouvez choisir d'utiliser des plantes qui vont vous aider, sur les deux plans, à lâcher prise, à détendre les nerfs, à dénouer les spasmes abdominaux, etc. De toute façon, ces deux plans sont imbriqués ; on pourrait dire que ce sont nos deux cerveaux. Celui du ventre (les neurones intestinaux) et celui de la tête. Quand on agit d'un côté, ça se répercute sur l'autre ; les tensions cérébrales et les tensions abdominales spasmodiques sont liées.

N'oubliez jamais que l'huile essentielle doit avoir une odeur qui vous plaît ; si vous avez du mal à la sentir, elle n'est pas faite pour vous.

Voici un mini-récapitulatif des vertus dont vous pouvez tirer parti avec les HE ; reportez-vous aux fiches de chaque HE pour plus de détails.

Relaxation cérébrale

Lavande officinale – Petit grain bigarade

1 ou 2 gouttes sur la face interne des poignets à respirer très lentement et profondément.

Lâcher-prise

Marjolaine

1 ou 2 gouttes sur la face interne des poignets à respirer très lentement et profondément.

Nervosité, tensions, spasmes

Basilic

1 ou 2 gouttes à avaler sur un support.

Appréhension

Camomille noble

1 ou 2 gouttes sur la face interne des poignets à respirer très lentement et profondément.

Stimulation cérébrale, de la vigilance et de la concentration

Menthe poivrée

1 ou 2 gouttes à avaler sur un support.

Confiance en soi

Laurier noble

1 ou 2 gouttes sur la face interne des poignets à respirer très lentement et profondément.

Les plantes adaptogènes

Pour rappel, les plantes adaptogènes agissent en soutien des mécanismes d'adaptation de l'organisme face à des facteurs d'agressions physiques et/ou psychologiques. Ces plantes interagissent avec le SGA (syndrome général d'adaptation) qui implique les systèmes endocrinien, nerveux et immunitaire.

Elles sont utiles et efficaces dans les situations de résistance au stress et pour contribuer à l'amélioration des fonctions cognitives des sportifs. Elles trouvent évidemment ici un intérêt majeur. Il faut cependant prévoir de commencer la prise des plantes adaptogènes quelques semaines à l'avance pour en ressentir pleinement les effets. Les principales plantes adaptogènes sont le ginseng, l'éleuthérocoque, le gingembre, l'ashwagandha, la schisandra et la rhodiole.

La **mélisse** est également une plante antistress efficace qui peut être utilisée en cas d'agitation, nervosité, irritabilité, spasmes gastro-intestinaux et si le stress impacte le sommeil.

L'**aubépine** et la **passiflore** pourront aussi être utilisées en cas de stress, de grande tension ou pour la récupération.

La préparation physique

Les plantes anabolisantes et adaptogènes, riches en sels minéraux, en oligoéléments et en vitamines jouent un rôle important de soutien de l'organisme lors de la période de compétition.

L'ortie et la prèle jouent ici un rôle incontournable, en poudre ou en suspension liquide, associées au magnésium pour une « montée en puissance ». Le **fenugrec et la spiruline** apporteront également des minéraux en complément.

Préparation à une épreuve sportive
- Teinture mère d'ortie 50 gouttes
- Teinture mère d'éleuthérocoque 100 gouttes
En mélange dans un grand verre d'eau le matin avant le petit-déjeuner.

Les plantes adaptogènes favorisent les mécanismes de défense naturels de l'organisme tout en exerçant une action stimulante.

On peut les associer avec des plantes stimulantes selon l'effet recherché, et en fonction de l'activité pratiquée.

• **Sports de combat**

Les plantes tonifiantes et dynamisantes, qui augmentent la puissance et la masse musculaire comme l'**éleuthérocoque** et le **ginseng,** sont utilisées.

Pour les compétitions courtes, on peut utiliser des plantes excitantes comme le **thé vert** et le **guarana**.

Si la compétition se déroule sur plusieurs jours, les plantes aromatiques comme le **thym** apportent une dynamisation sur la durée.

- **Sports d'équipe, courses à pied longues (marathon)**

On utilise des plantes adaptogènes non excitantes comme l'**éleuthérocoque,** le **ginseng,** la **schisandra** et la **rhodiole.**

- **Sports de concentration**

Ici aussi les plantes adaptogènes seront utilisées, notamment la **rhodiole,** la **schisandra** ou le **millepertuis** qui vont agir à plus long terme.

On y associe des plantes permettant de diminuer l'excitation et les tremblements comme l'**aubépine** et la **passiflore**.

L'hydratation

Lors des périodes de compétition, où l'hydratation est encore plus essentielle, l'eau de coco semble être une excellente solution de réhydratation naturelle[8].

Obtenue par extraction du liquide présent dans les noix de coco encore vertes, elle possède une très faible teneur en sucre, en gras et en calories. Elle est riche en vitamines et minéraux, et contient de la vitamine C et les vitamines B, ainsi que du calcium, du potassium, du fer et du magnésium.

Après la période de compétition

Pour traiter les douleurs qui font suite à une activité intensive, on utilise des plantes anti-inflammatoires comme le **cassis**, notamment en gemmothérapie (macérat de bourgeons). Le **curcuma** et l'**harpagophytum** sont également des anti-inflammatoires efficaces.

On continue à utiliser la **spiruline** et les plantes riches en sels minéraux telles que la **prèle** et l'**ortie**.

La **passiflore** entraîne une relaxation musculaire ; elle peut être utilisée en mélange avec l'**achillée**, qui possède une action anti-inflammatoire sur les muscles.

Il est aussi très important de drainer l'organisme. Les plantes diurétiques et dépuratives favorisent les fonctions d'élimination des déchets métaboliques.

Exemple d'infusion
Frêne 40 g
Reine-des-prés 20 g
Romarin 20 g
Une cuillerée à soupe du mélange par tasse.
De 2 à 3 tasses par jour.

En local, on peut favoriser le relâchement musculaire avec des huiles essentielles.

Formule
HE de lavande officinale 2 gouttes
HE d'hélichryse 1 goutte
HE d'eucalyptus citronné 2 gouttes
Dans une noisette d'huile végétale de noyau d'abricot, ou d'arnica en massage.

Gérer un échec/une blessure

Le sportif peut être sujet à une forte déception pouvant entraîner une baisse de confiance en lui, des pensées négatives… Ces réactions psychologiques doivent être gérées. Il a été remarqué que plus le sportif a des pensées positives, plus son rétablissement est rapide et efficace. De nombreuses techniques de relaxation, de gestion des émotions, etc. sont généralement efficaces. On peut piocher dans l'arsenal des HE qui agissent sur le système nerveux pour aider à apaiser certaines émotions.

On les utilisera **notamment en olfaction** (voir page 104 les HE par voie olfactive) pour permettre aux molécules aromatiques d'agir sur le cerveau limbique, siège des émotions, des comportements et de la mémoire.

HE de basilic
Stimulante mentale, tonifiante des émotions positives, elle aide à prendre de la distance.

HE de camomille noble
Pour apaiser et surmonter un choc émotionnel. Elle atténue la montée de la colère et du ressentiment. Elle aurait un effet «pré-anesthésiant», par ses propriétés sédatives et anxiolytiques, bénéfique sur l'appréhension avant une intervention médicale.

HE de citron
Lorsque la colère empêche de digérer un évènement. Pour retrouver légèreté et dynamisme, éclaircir les idées, stimuler, combattre la lassitude et la fatigue mentale.

HE de gingembre
Tonifiante et revigorante, elle aide à retrouver de l'énergie, de la volonté et à chasser la fatigue.

HE de lavande officinale
Pour calmer et stabiliser les humeurs, dépasser les blocages, se libérer.

HE de laurier noble
Pour dépasser les blocages et augmenter la confiance et l'estime de soi.

HE de marjolaine
Pour apaiser, et atténuer la sensation d'angoisse, d'épuisement émotionnel. Elle permet de diminuer l'intensité du sentiment d'échec.

HE de menthe poivrée
Elle calme l'excitation nerveuse des moments de colère. Pour éclaircir les idées et éviter les débordements émotionnels.

HE de petit grain bigarade
Elle apaise les états de tristesse, de déprime. Elle aide à développer les capacités à s'adapter et à accueillir les évènements.

Les plantes, en infusion ou sous leurs autres formes, sont aussi des alliées lors de ces périodes délicates. Pour aider à rebondir ou apaiser, différentes plantes trouveront leur indication selon les manifestations du contrecoup, troubles du sommeil, de l'humeur, irritabilité, dépression, découragement…

Pour apaiser
La passiflore : anxiété, tensions, troubles du sommeil.
La camomille noble : nervosité, troubles du sommeil.
L'aubépine : hyperémotivité, palpitations, troubles du sommeil.
La mélisse : anxiété, palpitations.
La ballote : irritabilité, déprime, troubles du sommeil.
Le millepertuis : déprime.

Pour rebondir
Le thym : surmenage, fatigue nerveuse, angoisses.
Le thé vert : fatigue physique, mentale et nerveuse.
Le romarin : fatigue psychique.
Le maté : fatigue générale.
Le guarana : manque d'énergie.
Le gingembre : fatigue générale.

Je vous reparle des plantes adaptogènes ou pas ?

6. Des alternatives naturelles au dopage ?

L'utilisation de produits dopants consiste généralement à augmenter la force et la puissance musculaire avec les anabolisants, et à améliorer la respiration cellulaire, en augmentant le nombre de globules rouges et la quantité d'hémoglobine circulante.

L'augmentation de la concentration et la diminution du stress, de la douleur sont également des objectifs visés par le dopage. Les produits dopants à risque sont nombreux et interdits (EPO, amphétamines, bêtabloquants, stéroïdes anabolisants, narcotiques, héroïne, euphorisants, cocaïne, etc.).

L'EPO, ou érythropoïétine

Il s'agit d'une hormone naturelle fabriquée par les reins. Elle agit sur la moelle osseuse et la fabrication de l'hémoglobine et des globules rouges, optimisant le transport d'oxygène. Ainsi, elle favorise la respiration cellulaire et améliore les performances. Elle est utilisée à des fins dopantes dans les sports d'endurance, en particulier le cyclisme, la course à pied, le ski de fond...

L'apport artificiel d'EPO engendre un risque accru d'affections graves (attaque cardiaque, embolie cérébrale ou pulmonaire).

La **spiruline** possède, par ses composants comme la phycocyanine, la chlorophylle, le fer, etc., des propriétés analogues : elle agit notamment sur l'augmentation des globules rouges et l'oxygénation. (Voir page 95 « Un mot sur la spiruline »)

Les anabolisants

L'anabolisme est la phase de synthétisation de certaines molécules, les protéines notamment, par l'organisme.

Notre organisme contient naturellement des hormones anabolisantes (testostérone, œstrogènes), dont le rôle principal est de soutenir la construction des muscles en transformant les protéines.

Les anabolisants sont utilisés dans le but de développer la masse musculaire notamment dans les sports de force. L'endurance peut être également améliorée par les anabolisants, mais à dose plus faible pour éviter que les athlètes ne subissent une croissance musculaire trop importante, ce qui aurait des effets négatifs sur leurs performances.

Issus d'hormones synthétiques, ils sont interdits dans les compétitions et dangereux pour la santé. Ils augmentent le taux de mauvais cholestérol et les risques de maladies cardiovasculaires. Ils peuvent même être mortels.

On trouve des anabolisants naturels composés d'extraits de plantes. Ils peuvent être consommés pendant les périodes d'entraînement et de compétition. Ils ne sont pas considérés comme des produits dopants.

Les plantes jouant un rôle d'anabolisants reconnus sont le **fenugrec, la rhodiole, l'éleuthérocoque, la schisandra et le *Tribulus*,** sur lequel beaucoup d'études ont été réalisées même si les résultats sont souvent en contradiction les uns avec les autres.

Le contrôle antidopage

Il faut vérifier systématiquement le statut des médicaments ou des compléments que l'on prend. L'Agence française de lutte contre le dopage met à jour les substances interdites de l'Agence mondiale antidopage.

Des traces de constituants de certaines plantes pourraient être retrouvées dans les urines… Dans le doute, et comme elles sont éliminées rapidement, il vaut mieux cesser leur absorption dans les 48 heures précédant l'épreuve.

7. Les blessures du sportif

Voici quelques propositions de soin en cas de blessures et autres problèmes qui peuvent faire suite à la pratique sportive.

Ces formules sont efficaces, elles ne sont toutefois pas exhaustives. N'hésitez pas à vous reporter aux fiches d'information des plantes (L'herboristerie du sportif) et des huiles essentielles (La trousse aroma du sportif) pour des détails plus complets quant à leurs propriétés et leurs modes d'utilisation.

Pour les dosages des plantes en infusion, vous trouverez souvent ces indications:
En mélange à parts égales, puis une cuillerée à soupe de ce mélange par tasse
De 2 à 3 tasses par jour

Une tasse équivaut à 250 ml, et une cuillerée à soupe est une moyenne pour un dosage à visée thérapeutique, à adapter selon la densité ou le volume de la plante.

Pour les plus jeunes (de 8 à 12 ans)

Les recettes d'infusion sont, sauf mention contraire, utilisables chez les plus jeunes, rallongées d'un tiers d'eau. Les teintures mères et autres formes ne sont pas utilisables chez les plus jeunes. La gemmothérapie convient généralement mieux au jeune âge, à des dosages spécifiques. Pour les huiles essentielles, je précise ici les possibilités ou interdictions.

Pour les plus grands, après 12 ans, privilégiez toujours les HE les moins agressives (ici la lavande, l'eucalyptus citronné, le citron, l'hélichryse, la camomille romaine, le géranium, le gingembre, le laurier, la marjolaine, le petit grain bigarade, le tea tree).

Ampoules

Occasionnées par exemple par le frottement des rames sur les mains, de la raquette, des chaussures…

- **HE de lavande officinale**

Déposer une goutte pure sur le doigt et appliquer sur l'ampoule ou la zone échauffée jusqu'à 5 fois par jour.

S'il y a un risque d'infection, **l'HE de tea tree** peut être utilisée de la même manière.

- **Huile cicatrisante**

Pour traiter l'ampoule sur plusieurs jours, on mélange :
HE de lavande officinale 20 gouttes
HE de tea tree 20 gouttes
HE de géranium 20 gouttes
HV de millepertuis ou de calophyllum pour 10 ml

Appliquer sur et autour de l'ampoule, à renouveler au moins 3 fois par jour pendant 3 jours.

Ces formules sont utilisables pour les plus jeunes.

En prévention

On peut utiliser du beurre de karité, que l'on applique (en petite quantité) sur la zone à protéger plusieurs jours avant l'activité et le jour même au moins une heure avant pour que la peau soit sèche au moment voulu.

Si vous devez passer une épreuve sportive, il peut être intéressant, notamment pour **les pieds**, de «tanner» la peau pour la durcir.

Pour le tannage, on peut utiliser du jus de citron en badigeon le matin sur une peau bien sèche. Le tannage asséchant la peau, il faut également hydrater celle-ci pour l'assouplir et la rendre plus résistante. On peut utiliser du beurre de karité ou une huile végétale que l'on utilise en massage le soir.

Ceci pendant 3 semaines ; on arrête le tannage quelques jours avant l'épreuve mais on continue l'hydratation.

Brûlures cutanées

Un coup de soleil pendant l'entraînement en extérieur, une brûlure par contact… Selon l'étendue de la brûlure, on aura recours à différentes formules.

Sur une zone peu étendue, dans un premier temps :

- **HE de lavande officinale**

Application d'une goutte sur le doigt avec lequel on tapote la zone brûlée toutes les 30 secondes pendant quelques minutes. La douleur diminue progressivement.

- **Huile apaisante et cicatrisante**

HE de lavande officinale, 2 ou 3 gouttes

HV de millepertuis une noisette

La fameuse « huile rouge » de millepertuis est anti-inflammatoire et souveraine pour soigner les brûlures.

On peut utiliser le **gel d'aloès**, seul ou additionné d'une goutte d'HE de lavande officinale.

Sur une zone plus étendue, on peut préparer un flacon.

Exemple pour un flacon de 15 ml :

- **Huile apaisante et cicatrisante**

HE de lavande officinale 40 gouttes

HV de millepertuis pour 15 ml

On peut utiliser ce mélange dans une noisette de gel d'aloès, à parts égales.

Ces formules sont utilisables pour les plus jeunes.

Attention

Malgré la sensation de froid que provoque l'HE de menthe poivrée, il est fortement déconseillé d'appliquer celle-ci sur une brûlure. En effet, l'organisme réagit à l'information du froid en mobilisant encore plus de chaleur, ce qui entraînerait une aggravation de la douleur.

Brûlures d'estomac

La brûlure d'estomac, ou gastrite, peut être causée par différents phénomènes comme le stress, les effets secondaires des médicaments anti-inflammatoires qui agressent la paroi digestive, une bactérie installée dans l'estomac (*Helicobacter pylori*), une hernie hiatale.

La pratique de certains exercices physiques pourrait intensifier le phénomène de reflux gastro-œsophagien. La course à pied par exemple entraîne le rebond des organes, des vibrations et des chocs sur la paroi abdominale. Les sports impliquant une position fléchie ou comprimant le tube digestif, ou une pression forte au niveau abdominal peuvent également favoriser le reflux.

Par voie orale

- **Exemple d'infusion**

Camomille 30 g
Plantain 30 g
Guimauve 20 g
Reine-des-prés 20 g
Une cuillerée à soupe du mélange par tasse.
Boire entre les repas.

- **Formule HE**

Préparer un flacon avec :
HE (essence) de citron 20 gouttes
HE de camomille noble 20 gouttes
HE de menthe poivrée 20 gouttes
2 gouttes du mélange sur un support neutre ou une cuillerée à café d'huile végétale.
À prendre avant les repas.

- **Teintures mères**

Le plantain, la camomille et la guimauve peuvent être pris en mélange, à raison de 25 gouttes chacun, 3 fois par jour.
À prendre avant les repas.

- **Gemmothérapie**

Le bourgeon de figuier est indiqué dans l'œsophagite et la gastrite chronique.

Généralement, de 5 à 15 gouttes par jour pour les macérats mère, de 50 à 150 gouttes par jour pour le macérat dilué (1D).

Un truc en plus

Certaines algues (laminaire, fucus) fournissent des substances intéressantes pour soulager les brûlures du reflux : les alginates. Ils forment une solution colloïdale, un gel au contact du suc gastrique. Après le repas, ils assurent une protection mécanique qui empêche les remontées acides.

■■■

Ils tapissent la muqueuse de l'œsophage et limitent l'agressivité du liquide gastrique. Le lithothamne, une algue également, riche en carbonate de calcium neutralise l'acidité gastrique.

Pour les plus jeunes, on utilise uniquement l'infusion rallongée d'un peu d'eau et éventuellement 1 ou 2 gouttes d'essence de citron sur un support à laisser fondre en bouche.

Chocs

Un choc psychologique, émotionnel, lié à une déception, un accident, un évènement ou à une situation inattendue peut entraîner des réactions du type paralysie, mutisme, stress et fatigue intense, détresse, palpitations, douleurs abdominales, troubles du comportement…

Par voie orale

- **HE de menthe poivrée**

1 ou 2 gouttes à avaler sur un sucre ou à lécher directement sur le dos de la main.

Renouveler selon les besoins, pas plus de 6 gouttes par jour.

Interdite aux enfants.

- **Exemple d'infusion**

Camomille 20 g
Mélisse 40 g
Une cuillerée à soupe du mélange par tasse.

Par voie olfactive et locale

- **HE de camomille noble**

1 ou 2 gouttes sur la face interne des poignets à respirer lentement et profondément.

Plusieurs fois selon les besoins.

- **Formule HE**

HE de petit grain bigarade
HE de marjolaine
HE de camomille
1 ou 2 gouttes de chaque en mélange dans le creux des mains ou sur la face interne des poignets à respirer lentement et profondément.

On peut aussi diluer ce mélange dans une huile végétale pour un massage sur le plexus.

Pour les plus jeunes, la même formule mais diluée avec quelques gouttes d'huile végétale.

S'il s'agit d'un choc physique, voir ***Traumatisme***.

Cicatrisation

On peut agir sur la qualité de la cicatrisation et la régénération des tissus dès le début, après que les fils d'une suture ont été enlevés par exemple. Le processus peut mettre plusieurs mois avant que la cicatrice n'atteigne son aspect définitif.

Par voie locale

- **Huile cicatrisante**

Préparer un flacon pour une quantité adaptée à la surface de la cicatrice.

Pour 30 ml, par exemple :
HE de ciste 20 gouttes
HE de géranium 40 gouttes
HE de lavande officinale 40 gouttes
HE d'hélichryse 40 gouttes
+ Huile végétale de calophyllum ou de millepertuis pour 30 ml
Appliquer quelques gouttes du mélange 2 ou 3 fois par jour.

Pour les plus jeunes, la même formule, à laquelle on ajoute quelques gouttes d'huile végétale en plus dans le creux de la main.

Par voie orale

- **Prèle**

En poudre, de 1 à 3 g par jour
ou en gélules dosées à 200 mg
1 ou 2 gélules, 3 fois par jour avant les repas.

Claquage

Douleur musculaire violente causée par la déchirure de quelques fibres musculaires ayant dépassé leur capacité élastique, obligeant à l'arrêt immédiat. Les claquages les plus fréquents sont ceux des **ischio-jambiers** situés derrière la cuisse chez les sauteurs, les coureurs (sprint), les footballeurs. Ceux du **jumeau interne** (appelé tennis-leg), un des muscles du mollet, sont souvent causés par l'étirement trop violent (lors d'une chute de ski par exemple) ou par une contraction musculaire brutale lors d'un démarrage (tennis, course, saut…). Ceux des **adducteurs**, à l'intérieur de la cuisse, sont fréquents chez les footballeurs. La douleur est d'abord localisée puis gagne peu à peu tout le muscle. Il faut en suivre l'évolution notamment s'il y a apparition d'un hématome intramusculaire.

Dans un premier temps, le protocole GREC s'applique pour le claquage :

- **G**lace : appliquer de la glace plusieurs fois par jour sur la zone ;
- **R**epos ;
- **É**lever le membre pour favoriser le retour veineux ;
- **C**omprimer pour limiter l'expansion d'un hématome.

Par voie locale

Appliquer immédiatement quelques gouttes d'HE de **menthe poivrée**.
Interdite aux enfants.

• **Formule HE**

HE de lavandin super 30 gouttes
HE d'eucalyptus citronné 20 gouttes
HE de gaulthérie couchée 20 gouttes
HE de menthe poivrée 20 gouttes
HV de millepertuis 15 ml
HV de noisette 15 ml
Appliquer sans masser trop fort.

Par voie orale

• **Exemple d'infusion**

Ortie
Achillée millefeuille
Passiflore
En mélange à parts égales.
Une cuillerée à soupe par tasse.

• **Gemmothérapie**

Bourgeon de cassis

Généralement, de 5 à 10 gouttes pour les macérats mère, le matin au lever et à midi, 5 gouttes si la douleur est intense.

100 gouttes pour le macérat dilué (1D), le matin au lever et à midi, 50 gouttes si la douleur est intense.

• **Teintures mères**
TM achillée millefeuille
Généralement, 25 gouttes, 3 fois par jour.

Formule pour les plus jeunes
HE de lavande officinale 2 gouttes
HE d'eucalyptus citronné 2 gouttes
Une noisette d'huile végétale d'arnica

Confiance en soi (baisse de)

Une déception après un échec à une épreuve, une fatigue physique et la sensation que notre corps ne suit pas, un manque de soutien de la part de l'entourage... On peut être fragilisé aussi pour des raisons qui nous échappent... La confiance peut vaciller à certaines périodes.

Par voie orale

• **Exemple d'infusion**
Gingembre 40 g
Maté 20 g
Thé vert 20 g
Une bonne cuillerée à café par tasse

Par voie locale

• **HE de laurier noble**
1 ou 2 gouttes sur la face interne des poignets à respirer lentement et profondément.

On peut aussi les diluer dans quelques gouttes d'huile végétale en massage sur le plexus et la nuque.

Pour les plus jeunes, diluer dans une noisette d'huile végétale.

Contractures

Ce sont comme des crampes qui se prolongent mais qui sont moins violentes que ces dernières. Ce sont des contractions involontaires, d'un ou de plusieurs muscles. Il n'y a pas de lésion. Elles peuvent être causées par un excès d'activité, un traumatisme, une lésion ancienne, et même une maladie infectieuse. Le muscle est dur et douloureux au toucher et lors du mouvement. Repos et étirements sont préconisés.

Par voie locale

L'application de chaleur est ici recommandée, on peut appliquer 1 ou 2 gouttes d'HE de **gaulthérie couchée**, très chauffante, diluées dans quelques gouttes d'huile végétale d'**arnica**, directement sur la zone dès le début de la contracture.

Ensuite on peut appliquer la formule suivante :

• **Formule HE**

HE de gaulthérie couchée 40 gouttes
HE de gingembre 30 gouttes
HE de laurier noble 30 gouttes
HE de romarin à camphre 20 gouttes
Huile végétale d'arnica ou de macadamia pour 50 ml
Masser la zone contracturée de manière prolongée au moins 2 fois par jour.

Formule pour les plus jeunes
HE de lavande officinale 2 gouttes
HE d'eucalyptus citronné 2 gouttes
Une noisette d'huile végétale d'arnica

Par voie orale

• **Exemple d'infusion**

Achillée millefeuille 40 g
Frêne 30 g
Ortie 30 g
Une cuillerée à soupe du mélange par tasse.
Boire dans la journée.

• **Teintures mères**

TM achillée millefeuille
TM frêne
Généralement, 25 gouttes, 3 fois par jour.

Contusions

La contusion musculaire est la conséquence d'un coup reçu sur un muscle en phase de contraction; elle est fréquente dans les sports de contact (judo, lutte, karaté...) et de ballon (foot, rugby...). Les conséquences, douleur et ecchymose, localisées sur le point d'impact sont proportionnelles à la force du choc. Appliquer du froid, là aussi.

La contusion musculaire devrait disparaître au bout de trois jours; si la douleur persiste, il est important de consulter.

Pas de massage, pas de chaleur.

• **HE de menthe poivrée**
1 ou 2 gouttes directement sur le point d'impact
Interdite aux enfants.

• **HE d'hélichryse italienne**
Appliquer quelques gouttes pures ou diluées, selon l'étendue de la zone, dans du gel d'aloès, de l'huile végétale de calophyllum ou d'arnica.
Au moins 3 fois par jour.
Utilisable diluée chez les plus jeunes.

Courbatures

Inflammation des muscles souvent liée à la reprise d'une activité sportive, lorsque l'on sollicite des muscles peu habitués, ou lorsque l'on prolonge excessivement l'activité. Des lésions entraînant micro-hématomes et micro-œdèmes se constituent. La douleur apparaît généralement plusieurs heures après l'activité. Elles ne durent généralement pas plus de quelques jours.

La prévention consiste surtout à veiller à une bonne hydratation et à un apport correct en minéraux; penser à la prèle et à l'ortie.

Par voie locale

• **Formule HE**
HE de gaulthérie 40 gouttes
HE de laurier noble 30 gouttes
HE de romarin à camphre 30 gouttes
Huile végétale d'arnica 30 ml
Masser la zone douloureuse de manière prolongée au moins 2 fois par jour.

Formule pour les plus jeunes
HE de lavande officinale 2 gouttes
HE d'eucalyptus citronné 2 gouttes
Une noisette d'huile végétale d'arnica

Par voie orale

• **Exemple d'infusion**
Ortie 30 g
Cassis 30 g
Reine-des-prés 20 g
Une cuillerée à soupe du mélange par tasse.
De 2 à 3 tasses par jour.

• **Curcuma**
Gélules ou poudre

• **Teintures mères**
TM achillée millefeuille
25 gouttes, 3 fois par jour

• **Gemmothérapie**
Bourgeon de cassis, macérat dilué 1D: 100 gouttes le matin et 50 gouttes le midi.

Macérat mère: 10 gouttes le matin, 5 gouttes à midi.

Crampes

Contraction douloureuse d'un ou de plusieurs muscles. Les muscles deviennent durs pendant ou après l'effort, parfois la nuit. Elles pourraient être le résultat d'une insuffisance d'apport d'oxygène (celui-ci transforme les sucres en acide lactique lors de l'effort, ce qui provoque la contraction).

En prévention : les étirements sont incontournables dans la prévention des crampes. L'hydratation, les vitamines et les minéraux jouent un rôle essentiel, le magnésium et le calcium notamment, aussi bien en préventif qu'en traitement. On peut aussi utiliser des plantes à visée circulatoire, comme la vigne rouge et le ginkgo biloba.

Par voie orale

• **Exemple d'infusion**
Ortie
Achillée millefeuille
Cassis
En mélange à parts égales.
Une bonne cuillerée à soupe du mélange par tasse.
De 2 à 3 tasses par jour.

• **Teinture mère**
TM achillée millefeuille
25 gouttes, 3 fois par jour

Par voie locale

• **Formule crampes**
HE de romarin à camphre 30 gouttes
HE de gaulthérie couchée 30 gouttes
HE de laurier noble 20 gouttes
Huile végétale de noisette 10 ml
Il s'agit d'une formule assez concentrée.
À appliquer sur la crampe, à répéter plusieurs fois selon les besoins.

Formule pour les plus jeunes
HE de lavande officinale 2 gouttes
HE d'eucalyptus citronné 2 gouttes
Une noisette d'huile végétale d'arnica

Déchirure musculaire

Elle peut être due à un effort musculaire intense ou à un traumatisme. Les sportifs pratiquant une discipline intégrant l'impulsivité et la réception sont les plus exposés. Plusieurs fibres musculaires sont touchées (plus que dans le claquage). La douleur est violente et oblige à l'arrêt immédiat.

Appliquer immédiatement du froid.

Par voie orale

• **Exemple d'infusion**
Ortie 30 g
Achillée 20 g
Reine-des-prés 20 g
Une cuillerée à soupe du mélange par tasse.
Boire de 2 à 3 tasses par jour.

• **Teinture mère**
TM achillée millefeuille
25 gouttes, 3 fois par jour

• **Poudre de prèle**
De 1 à 3 g par jour.
Ou gélules dosées à 200 mg
1 ou 2 gélules, 3 fois par jour avant les repas

• **Gemmothérapie**
Bourgeon de cassis, macérat dilué 1D : 100 gouttes le matin et 50 gouttes le midi.
Macérat mère : 10 gouttes le matin, 5 gouttes à midi.

Par voie locale

• **Formule HE**
Pour un flacon de 10 ml
HE de gaulthérie 70 gouttes
HE de laurier noble 60 gouttes
HE d'hélichryse 60 gouttes
Quelques gouttes du mélange dans de l'huile végétale d'arnica
Appliquer sur les zones douloureuses.
Ne pas masser trop fort.

Formule pour les plus jeunes
HE de lavande officinale 70 gouttes
HE d'eucalyptus citronné 60 gouttes
HE d'hélichryse 60 gouttes
Quelques gouttes du mélange dans de l'huile végétale d'arnica

Échec

L'échec peut être une blessure pour l'athlète. Au niveau psychologique, il est évidemment important de le digérer, de le transformer puis d'en faire un outil de progression.

On va ici utiliser des plantes apaisantes ou au contraire tonifiantes, selon la réaction de la personne, et la manière dont l'échec est «encaissé»; en tout cas, des plantes équilibrantes nerveuses, et des huiles essentielles qui vont agir sur la sphère émotionnelle.

- Si l'échec vous met à plat, le romarin, le gingembre, le maté et le thym sont des plantes tonifiantes du corps et de l'esprit.
- La passiflore, l'aubépine et la mélisse, en cas de grande nervosité, d'hypersensibilité et de difficultés d'endormissement.
- La ballote pour les troubles émotifs.
- Le millepertuis si vous frôlez la dépression.
- Les plantes adaptogènes sont bien sûr intéressantes aussi ici mais elles sont toujours plus efficaces lorsqu'on les prend sur plusieurs semaines.

Les HE peuvent être utilisées par voie olfactive, externe ou interne.

En interne
On peut avaler 1 ou 2 gouttes sur un support juste après l'échec (*idem* que pour les chocs).

- **HE de menthe poivrée, de basilic ou de gingembre**
Interdites aux enfants.

En externe
On peut diluer 2 ou 3 gouttes d'HE dans une noisette d'huile végétale en massage sur le plexus et la nuque.

Ou l'on peut aussi déposer 1 ou 2 gouttes d'HE pures sur la face interne des poignets à respirer lentement et profondément.

- **HE de marjolaine, laurier noble, lavande officinale, petit grain bigarade, camomille noble, citron**

Pour les plus jeunes, on dilue dans de l'huile végétale.

Élongations

Allongement traumatique du muscle dû à un étirement excessif ou à une contraction trop forte dépassant les capacités d'élasticité de celui-ci. L'élongation guérit en 10 à 15 jours mais nécessite un avis médical car il peut y avoir déchirure ou, plus grave, des lésions de fibres musculaires provoquant une hémorragie ou une déchirure du muscle.

Par voie locale

- **Formule**

Préparer un flacon avec :
HE de lavandin 20 gouttes
HE d'eucalyptus citronné 20 gouttes
HE de gaulthérie 20 gouttes
Quelques gouttes du mélange dans une noisette d'huile végétale de millepertuis ou d'arnica à appliquer sur la zone concernée, 3 fois par jour.

Formule pour les plus jeunes
HE de lavande officinale 2 gouttes
HE d'eucalyptus citronné 2 gouttes
Une noisette d'huile végétale d'arnica

Engelures

Le bout des doigts, des orteils, du nez ou des oreilles peut souffrir de lésions inflammatoires dues au froid lors des entraînements à l'extérieur l'hiver. Une mauvaise circulation peut aussi favoriser ce syndrome que l'on appelle syndrome de Raynaud. Une sensation de brûlure et de démangeaison apparaît progressivement et la peau devient rouge et enflée.

Par voie locale

• **Formule**

Préparer un flacon de 30 ml
HE d'hélichryse italienne 40 gouttes
HE de lentisque pistachier 40 gouttes
Huile végétale de calophyllum pour 30 ml
Appliquer sur les zones concernées 3 fois par jour.

On peut aussi intégrer les HE (1 goutte de chaque) à une crème hydratante pour les mains.

Formule pour les plus jeunes
HE de lavande officinale 2 gouttes
HE d'hélichryse 2 gouttes
Une noisette d'huile végétale d'arnica

Par voie orale

• **HE (essence) de citron**

Plutôt en préventif pour soutenir la circulation, 1 ou 2 gouttes sur un support le matin.

• **Exemple d'infusion**

Ginkgo
Vigne rouge
Romarin
En mélange à parts égales.
Une cuillerée à soupe du mélange par tasse.
De 2 à 3 tasses par jour.

Entorse

Traumatisme très fréquent causé par un étirement violent des ligaments. Bénigne ou sévère, l'entorse déclenche toujours une forte douleur. Elle peut guérir en quelques semaines ou causer une immobilisation du membre atteint. On applique en première intention le protocole «GREC»:

Glace: environ 15 minutes, pour réduire la douleur de l'inflammation par la contraction des vaisseaux sanguins.

Repos: pour éviter l'aggravation, surtout au début.

Élévation: pour l'entorse de la cheville ou du genou, soulever le membre favorise le retour veineux et empêche l'accumulation de liquide inflammatoire.

Compression: pour réduire le gonflement, bander l'articulation sans serrer trop fort pour ne pas empêcher l'oxygénation des tissus.

Les entorses graves, avec déchirure, doivent faire l'objet d'une prise en charge médicale, voire chirurgicale, pour les sportifs de haut niveau.

Malheureusement, elles sont souvent récidivantes et il est important de prévenir et de limiter les rechutes. La **prèle** en traitement prolongé est essentielle dans ce cas.

Par voie locale

Appliquer immédiatement quelques gouttes **d'HE de menthe poivrée**. *Interdite aux enfants.*

• **Mélange anti-inflammatoire**
HE de gaulthérie 70 gouttes
HE de laurier noble 70 gouttes
HE d'hélichryse italienne 50 gouttes
HE de menthe poivrée 50 gouttes
+ Huile végétale de noisette, d'arnica ou de millepertuis pour 50 ml.
Masser délicatement la zone concernée jusqu'à pénétration.

Formule pour les plus jeunes
HE de lavande officinale 2 gouttes
HE de laurier noble 1 goutte
HE d'hélichryse 2 gouttes
Une noisette d'huile végétale d'arnica

Par voie orale

• **Exemple d'infusion**
Prèle
Ortie
Reine-des-prés
Cassis
Mélanger à parts égales.
Une bonne cuillerée à soupe du mélange par tasse.
Boire de 2 à 3 tasses par jour.

– **Teinture mère**
Prèle
Ortie

• **Gemmothérapie**
Bourgeon de cassis, macérat dilué 1D: 100 gouttes le matin et 50 gouttes le midi.
Macérat mère: 10 gouttes le matin, 5 gouttes à midi.

• **Curcuma**
En poudre mélangée aux aliments généralement, 1 cuillerée à café, 3 fois par jour ou en gélules généralement de 3 à 6 gélules par jour.

Épanchement de synovie, hydarthrose

Surmenage ou traumatisme articulaire peuvent conduire l'organisme à produire une quantité anormale de synovie pour protéger l'articulation. L'accumulation de liquide synovial entraîne le gonflement, la douleur et la perte de mobilité de l'articulation.

Par voie locale

• **Formule HE**
Préparer un flacon de 10 ml
HE de lentisque pistachier 30 gouttes
HE de gaulthérie couchée 20 gouttes
HE de lavande officinale 20 gouttes
+ Huile végétale d'arnica pour 10 ml
Appliquer 3 fois par jour.

Formule pour les plus jeunes
HE de lavande officinale 2 gouttes
HE d'hélichryse 2 gouttes
Une noisette d'huile végétale d'arnica

Par voie orale

• **Curcuma**
En poudre mélangée aux aliments généralement, 1 cuillerée à café, 3 fois par jour ou en gélules généralement de 3 à 6 gélules par jour.

• **Exemple d'infusion**
Gingembre 30 g
Romarin 10 g
Vigne rouge 20 g
Une bonne cuillerée à soupe du mélange par tasse.
De 2 à 3 tasses par jour.

Épicondylite, ou tennis elbow

Tendinite du coude, elle concerne essentiellement les sports de raquette, l'aviron, le baseball… Le frottement du tendon contre l'os de façon répétée provoque la lésion des fibres. Les muscles insérés sur l'épicondyle externe servent à tendre les doigts, le poignet et à faire tourner l'avant-bras. Cette affection est provoquée par le revers (mauvais style, répétitions excessives) lors de la pratique du tennis notamment. On conseille, pour éviter les épicondylites, le revers à deux mains.

Par voie orale

• **Exemple d'infusion**
Prèle
Ortie
Reine-des-prés
En mélange à parts égales.
Une bonne cuillerée à soupe du mélange par tasse.
De 2 à 3 tasses par jour.

• **Teintures mères**
TM harpagophytum
Généralement 25 gouttes 3 fois par jour

• **Gemmothérapie**
Macérat de bourgeons de cassis
Selon le type de macérat, une cuillerée à café le matin (1D)
Ou 10 gouttes de macérat mère

Par voie locale

• **HE de menthe poivrée**
1 ou 2 gouttes directement sur la zone douloureuse
Interdite aux enfants.

• **Formule tendinite**
Les 3 premiers jours :
HE de menthe poivrée 2 gouttes
HE de gaulthérie couchée 1 goutte
HE de lavande officinale 1 goutte
Gel d'aloès 1 noisette
Appliquer sur la zone douloureuse 3 fois par jour.

Sur plus long terme
HE de menthe poivrée 30 gouttes
HE de gaulthérie couchée 30 gouttes
HE de lavande officinale 30 gouttes
Huile végétale de calophyllum 30 ml
Appliquer sur la zone douloureuse 3 fois par jour.

Formule pour les plus jeunes
HE de lavande officinale 2 gouttes
HE de laurier noble 1 goutte
HE d'hélichryse 2 gouttes
Une noisette d'huile végétale d'arnica

Fatigue

Elle peut être, entre autres, la conséquence d'un manque de repos suffisant après les entraînements dont l'intensité est élevée. La récupération est très importante et peut être négligée, notamment chez les sportifs non professionnels. Des baisses de performance, des symptômes de somatisations comme les douleurs et la déprime, ou une baisse des défenses immunitaires peuvent apparaître.

Par voie locale

- **Formule stimulante**

HE d'épinette noire 2 gouttes
Huile végétale de noyau d'abricot ou de noisette
Masser le bas du dos au niveau des surrénales le matin.
Interdite aux enfants.

Par voie orale

- **HE de menthe poivrée**

1 ou 2 gouttes sur un support, ponctuellement
Ne pas dépasser 6 gouttes par jour.
Interdite aux enfants.

- **Gemmothérapie**

Bourgeon de cassis
Posologie selon le type de macérat; par exemple, pour le macérat mère, de 5 à 15 gouttes par jour, en 2 fois, le matin et le midi.

- **Exemple d'infusion**

Gingembre 30 g
Ortie 20 g
Thym 10 g
Romarin 10 g
Une bonne cuillerée à café du mélange par tasse.
De 2 à 3 tasses par jour.

Autres plantes
Plantes à caféine, thé vert, maté, guarana…
Pensez aussi aux plantes adaptogènes pour parer à l'apparition d'une fatigue potentielle, saisonnière ou liée au planning des entraînements.

Fracture

Rupture de l'os ou du cartilage à la suite d'un choc. Les athlètes de haut niveau peuvent être victimes de «fractures de fatigue» provoquées par la répétition de microtraumatismes. Les fractures doivent être plâtrées et parfois faire l'objet d'une intervention chirurgicale.

La **prèle** et l'**ortie** sont les plantes majeures dans l'accompagnement des fractures osseuses.

Par voie orale

• **Exemple d'infusion**
Ortie
Prèle
En mélange à parts égales.
Une cuillerée à soupe du mélange par tasse.
De 2 à 3 tasses par jour.

• **Prèle**
En poudre, de 1 à 3 g par jour.
En gélules dosées à 200 mg.
1 ou 2 gélules, 3 fois par jour avant les repas.

• **Gemmothérapie**
Bourgeon de cassis macérat dilué 1D: 100 gouttes le matin et 50 gouttes le midi.
Macérat mère: 10 gouttes le matin, 5 gouttes à midi.

Par voie locale

• **HE d'hélichryse italienne**
À appliquer pure sur la fracture ou la plus proche possible de celle-ci s'il y a un plâtre, 2 ou 3 fois par jour.

• **Formule HE**
Préparer un flacon avec:
HE d'hélichryse
HE de laurier noble
HE de lentisque pistachier
HE de gaulthérie couchée
En mélange à parts égales.
Utiliser quelques gouttes diluées dans une noisette d'huile végétale de millepertuis ou de noisette, à appliquer sur la zone concernée 3 fois par jour.

Formule pour les plus jeunes
HE de lavande officinale 2 gouttes
HE d'hélichryse 2 gouttes
HE de laurier noble 1 goutte
Dans une noisette d'huile végétale d'arnica

Gerçures, crevasses

Le froid, l'humidité et la déshydratation peuvent provoquer des lésions en surface de la peau. Les crevasses sont des fissures de la peau peu profondes mais très douloureuses.

Par voie locale

- **Formule HE**

HE de ciste 10 gouttes
HE de géranium 20 gouttes
Huile végétale de calophyllum ou de jojoba pour 10 ml
Appliquer quelques gouttes du mélange sur les zones concernées.

Cette formule est utilisable chez les plus jeunes.

Hématome

Selon la zone, l'intensité du choc et l'état vasculaire de la personne, un épanchement de sang plus ou moins important se produit. Le premier geste consiste à calmer la douleur. Il convient ensuite de limiter la formation et de résorber l'hématome. Il disparaît généralement spontanément au bout de 15 jours.

Par voie locale

HE d'hélichryse italienne
Appliquer quelques gouttes pures ou diluées dans du gel d'aloès ou de l'huile végétale d'arnica ou de calophyllum selon l'étendue de la zone *et pour une utilisation chez les plus jeunes.*
Au moins 3 fois par jour.
Cette formule peut être utilisée même sur les bleus anciens.

Procéder à un léger massage circulaire dans le sens des aiguilles d'une montre. Partir d'un point central du milieu de l'hématome et agrandir au fur et à mesure en spirale vers l'extérieur comme le dit joliment le Dr Pénoël «pour chasser gentiment le sang épanché et vider la zone contuse, transformée en poche de boudin cru de son contenu hématique».

On peut également utiliser de l'hydrolat d'hélichryse en compresse sur la zone traumatisée.

Insomnie

Le surmenage physique ou mental, l'anxiété, le stress, un choc émotionnel… nombreuses peuvent être les causes d'une insomnie. Celle-ci peut être temporaire et durer de quelques jours à plusieurs semaines ou persister jusqu'à devenir chronique.

Par voie orale

• **Exemple d'infusion**

Aubépine
Passiflore
Camomille noble
En mélange à parts égales.
Une cuillerée à soupe du mélange par tasse.
Boire en fin de journée et dans la soirée.

• **Teinture mère de ballote**

Généralement, 25 gouttes, 3 fois par jour avant les repas.
En cure de deux semaines.
Elle est à éviter en usage continu; alterner avec d'autres plantes à visée sédative.

• **Gemmothérapie**

Bourgeon de figuier
Généralement, de 5 à 10 gouttes le soir au coucher pour les macérats mère, 100 gouttes le soir au coucher pour le macérat dilué (1D).
Le bourgeon de tilleul est aussi efficace.

Par voie locale et olfactive

• **Formule sommeil**

Préparer un flacon avec:
HE de camomille noble 20 gouttes
HE de petit grain bigarade 40 gouttes
HE de lavande officinale 40 gouttes
2 ou 3 gouttes du mélange sur la face inférieure des poignets, à respirer lentement et profondément au moment du coucher. À renouveler si nécessaire.

Pour les plus jeunes, même formule diluée dans une noisette d'huile végétale.

On peut aussi garder à sa portée le flacon de **camomille noble pure** en cas de réveils nocturnes, et déposer une ou deux gouttes dans le creux des mains ou sur la face interne des poignets à respirer lentement et profondément jusqu'au rendormissement.

Irritations de la peau, des yeux, des voies respiratoires

Les sports de natation soumettent la peau, les yeux et les muqueuses respiratoires au chlore. Celui-ci dessèche l'épiderme et irrite les voies respiratoires. La navigation également soumet la peau au vent et aux embruns salés, et les yeux aux rayonnements lumineux. La prévention et la protection de la peau, et surtout des yeux pour éviter une ophtalmie des neiges, sont ici incontournables.

Pour apaiser les voies respiratoires irritées

- **Exemple d'infusion**

Guimauve ou mauve (adoucissante des muqueuses) 40 g

Plantain (adoucissant et antihistaminique) 40 g

Thym (expectorant) 20 g

Une cuillerée à soupe du mélange par tasse, laisser infuser au moins 15 minutes.

Boire dès que nécessaire.

Pour les yeux irrités

Les compresses de thé vert ou d'hydrolat sont ici très utiles : de camomille noble, de bleuet, à garder au moins 5 minutes, les yeux fermés, allongé sur le dos.

Ophtalmie des neiges, ou photokératite

Thé vert infusé et hydrolat de camomille en compresses également, pour apaiser la douleur.

Pour la peau irritée, desséchée

L'important, c'est de bien hydrater (de l'intérieur et de l'extérieur).

Le **gel d'aloès** hydrate en profondeur, on peut l'appliquer un peu avant la crème hydratante habituelle.

Les **huiles végétales** de millepertuis, de calendula, de jojoba, d'amande douce…

On peut diluer 1 goutte d'HE de camomille noble, pour son action anti-inflammatoire cutanée, dans une noisette d'huile végétale.

Lumbago

Le lumbago aigu (lombalgie) causé par un mouvement brutal peut toucher tous les types de sport. Il est caractérisé par une douleur au mouvement et une raideur du dos. Le repos et des séances de kiné relaxantes seront soutenus par des apports en magnésium, en vitamine B et par des plantes comme la **prèle** et l'**harpagophytum**.

Par voie locale

• **Formule lumbago**
HE de gaulthérie couchée 30 gouttes
HE de laurier noble 30 gouttes
HE d'eucalyptus citronné 30 gouttes
HV de millepertuis ou de calophyllum 15 ml
Masser la zone douloureuse jusqu'à 4 fois par jour.

Par voie orale

• **Exemple d'infusion**
Reine-des-prés
Ortie
Cassis
En mélange à parts égales.
Une bonne cuillerée à soupe du mélange par tasse.
De 2 à 3 tasses par jour.

• **Teinture mère**
TM achillée
Généralement, 25 gouttes, 3 fois par jour.

• **Curcuma**
Poudre ou gélules

• **Gemmothérapie**
Bourgeon de cassis
Macérat dilué 1D : 100 gouttes le matin et 50 gouttes le midi.
Macérat mère : 10 gouttes le matin, 5 gouttes à midi.

Luxation

Déboîtement de deux articulations, la luxation est souvent située au genou, à l'épaule, au coude, plus rarement aux hanches, aux phalanges. L'immobilisation et la réduction (remise en place) sont incontournables. Les plantes vont surtout permettre d'agir sur la douleur.

Par voie locale

- **Teinture mère**

Appliquer plusieurs fois par jour des compresses imbibées de teinture d'arnica diluée à 20% dans de l'eau tiède.

- **HE de gingembre**

1 ou 2 gouttes diluées dans une noisette d'huile végétale d'arnica, à appliquer sur la zone douloureuse.

Pour les plus jeunes, utiliser l'HE de lavande officinale.

Par voie orale

- **Exemple d'infusion**

Ortie
Reine-des-prés
Cassis
En mélange à parts égales.
Une cuillerée à soupe du mélange par tasse.
De 2 à 3 tasses par jour.

- **Gemmothérapie**

Bourgeon de cassis, macérat dilué 1D: 100 gouttes le matin et 50 gouttes le midi.

Macérat mère: 10 gouttes le matin, 5 gouttes à midi.

- **Autres plantes**

Curcuma, harpagophytum

Œdème des paupières, œil au beurre noir

Les traumatismes de l'œil sont à surveiller de très près, car ils peuvent entraîner des lésions graves.

Par voie locale

Appliquer des compresses **d'hydrolat d'hélichryse.**

La camomille, le bleuet, l'infusion de thé vert peuvent être aussi utilisés. Garder les compresses au moins 5 minutes en restant allongé sur le dos, la tête un peu surélevée.

Les hydrolats et infusions peuvent être mis au frigo pour un effet froid plus important.

Par voie interne

- **Exemple d'infusion**

Cassis
Reine-des-prés
Vigne rouge
En mélange à parts égales.
Une bonne cuillerée à soupe du mélange par tasse.
De 2 à 3 tasses par jour.

Périostite tibiale

Inflammation de la membrane qui entoure l'os du tibia, le périoste. Elle peut être consécutive aux vibrations et à la répétition des chocs lors de certaines pratiques sportives comme la danse, le judo, la course à pied, l'athlétisme… Les chaussures de ski qui compriment la zone du tibia peuvent également être impliquées.

Appliquer du froid pour soulager l'inflammation.

Par voie locale

- **HE de menthe poivrée**

1 ou 2 gouttes diluées dans de l'huile d'arnica
Interdite aux enfants.
Pour les plus jeunes, utiliser l'HE de lavande officinale.

Par voie orale

- **Exemple d'infusion**

Cassis 30 g
Ortie 30 g
Reine-des-prés 20 g
Une bonne cuillerée à soupe du mélange par tasse.
De 2 à 3 tasses par jour.

- **Gemmothérapie**

Bourgeon de cassis, macérat dilué 1D : 100 gouttes le matin et 50 gouttes le midi.

Macérat mère : 10 gouttes le matin, 5 gouttes à midi.

- **Curcuma**

Gélules de poudre de la plante
Généralement, de 3 à 6 gélules par jour.
Ou poudre, généralement 1 cuillerée à café, 3 fois par jour.

- **Harpagophytum**

Généralement 25 gouttes 3 fois par jour

Pied d'athlète

Il s'agit d'une mycose qui touche d'abord la région des orteils, favorisée par la transpiration, les chaussures de sport, les sols des vestiaires et des piscines, qui peuvent favoriser les conditions de son développement.

Une forte démangeaison apparaît entre les doigts de pied puis sur la plante ou le dessus du pied.

Le pied d'athlète peut être très récidivant; la prévention consiste à porter des chaussettes en coton, à entretenir et protéger ses pieds (bains, séchage correct, port de sandales dans les vestiaires).

Par voie locale

Formule pied d'athlète
HE de géranium
HE de tea tree
1 ou 2 gouttes de chaque en mélange dans une noisette de gel d'aloès, 2 ou 3 fois par jour directement sur les lésions pendant au moins 20 jours; les mycoses sont souvent longues à disparaître...

Formule utilisable pour les plus jeunes.

Plaies

Aseptiser, désinfecter, arrêter les saignements, diminuer la douleur... des plaies, coupures, blessures, égratignures, écorchures et piqûres qui grattent ou saignent.

- **HE de lavande officinale**
- **HE de géranium**

1 ou 2 gouttes, de l'une ou l'autre ou les deux mélangées, à appliquer en compresses sur la plaie.

Si les saignements sont importants, utiliser aussi **l'HE de ciste.**

L'**HE de tea tree** peut être également utilisée de la même manière en cas de risque d'infection si la plaie est très sale, pour ses propriétés antibiotiques.

Utilisable chez les plus jeunes.

Point de côté

Assez mystérieux encore, le point de côté… diverses hypothèses… crampe du diaphragme, spasme de la vésicule, contraction de la rate, douleur de l'estomac…

La prévention consiste surtout à laisser passer trois heures après le repas avant l'activité et à travailler sa respiration.

L'expérience a montré l'utilité préventive de certaines plantes antispasmodiques et favorisant une bonne digestion notamment[9].

Par voie orale

• **Infusion préventive du point de côté**
Mélisse
Gingembre
Romarin
En mélange à parts égales.
Une cuillerée à soupe par tasse.
Boire de 1 à 2 tasses dans la journée avant l'activité.

• **HE de gingembre ou de basilic**
1 ou 2 gouttes à avaler sur un support
Interdites aux enfants.

Pubalgie

La région pubienne, située au niveau du bassin, est une zone souvent surmenée lors de la pratique de certains sports comme le foot, le tennis, l'escrime…

La région pubienne est formée par un support osseux (la symphyse pubienne), les trois muscles adducteurs, les muscles abdominaux et la région inguinale. Chaque élément peut souffrir de façon isolée ou simultanée. La pubalgie est provoquée par le surmenage de la région pubienne causé par la répétition de gestes précis comme la frappe de balle du plat du pied, le tacle, le grand écart, le déplacement latéral, certaines anomalies locales (déséquilibre du bassin, de la colonne), etc.

Le repos encore… et l'ostéopathe, qui reste votre meilleur ami !

La prise d'anti-inflammatoires divise les spécialistes… Ils peuvent être utiles au début mais peuvent inciter une reprise trop précoce en masquant la douleur.

Je miserais pour ma part sur un effet anti-inflammatoire combiné à un soutien minéral de la structure musculaire.

Par voie orale

• **Exemple d'infusion**
Achillée millefeuille
Ortie
Frêne
En mélange à parts égales.
Une cuillerée à soupe du mélange par tasse.
De 2 à 3 tasses par jour.

• **Prèle**
En poudre ou en gélules

• **Gemmothérapie**
Bourgeon de cassis, macérat dilué 1D : 100 gouttes le matin et 50 gouttes le midi.
Macérat mère : 10 gouttes le matin, 5 gouttes à midi.

Par voie locale

• **Huile d'arnica**
Masser doucement la zone douloureuse.

Rupture musculaire

Comme pour le claquage et la déchirure musculaire, c'est l'effort trop brutal ou le choc direct sur le muscle contracté qui peut en être à l'origine. C'est l'ensemble des fibres musculaires qui est sectionné. La douleur est très violente, pouvant aller jusqu'à la syncope ; elle impose l'arrêt total. Un œdème apparaît.

Par voie orale

- **Exemple d'infusion**

Reine-des-prés 20 g
Achillée 30 g
Camomille noble 20 g
Une cuillerée à soupe du mélange par tasse.
Boire de 2 à 3 tasses dans la journée.

- **Prête et ortie**

Sous forme de poudre ou en gélules

- **Curcuma**

Poudre ou gélules

- **Gemmothérapie**

Bourgeon de cassis, macérat dilué 1D : 100 gouttes le matin et 50 gouttes le midi.

Macérat mère : 10 gouttes le matin, 5 gouttes à midi.

Par voie locale

- **Formule antidouleur et œdèmes**

Préparer un flacon de 30 ml
HE de laurier noble 60 gouttes
HE d'hélichryse 40 gouttes
HE de gaulthérie 40 gouttes
+ Huile végétale d'arnica ou de calophyllum, ou les deux mélangées, pour 30 ml

Appliquer en massage 3 fois par jour.

Formule pour les plus jeunes
HE de lavande officinale 2 gouttes
HE d'hélichryse 2 gouttes
HE de laurier noble 1 goutte
Une noisette d'huile végétale d'arnica

Stress

Le stress peut se transformer en phénomène invalidant quand il est trop fort, ou qu'il entraîne des réactions émotionnelles et physiologiques trop intenses : insomnies, palpitations, troubles anxieux et nerveux, etc.

Pensez aux plantes adaptogènes pour anticiper la confrontation à une situation stressante, une compétition (ashwagandha, rhodiole).

Par voie orale

• **Exemple d'infusion**
Mélisse
Aubépine
Camomille
En mélange à parts égales.
Une bonne cuillerée à soupe du mélange par tasse.
De 2 à 3 tasses par jour.

En cas de spasmes nerveux
• **HE de basilic**
1 ou 2 gouttes d'HE de basilic sur un petit morceau de sucre de canne ou un support neutre.
À renouveler au maximum 3 fois dans la journée.
Interdite aux enfants.

• **Gemmothérapie**
Bourgeon de figuier
Généralement, de 5 à 15 gouttes par jour pour les macérats mère, de 50 à 150 gouttes par jour pour le macérat dilué (1D).

Par voie locale

Formule antistress
HE de lavande officinale
HE de petit grain bigarade
HE de marjolaine
1 goutte de chaque sur la face interne des poignets à respirer lentement et profondément.
Formule utilisable, diluée avec quelques gouttes d'huile végétale, chez les plus jeunes.

Tendinite

Inflammation d'un tendon soumis à la répétition d'un même mouvement. Elle peut toucher différents endroits comme l'épaule, le mollet, le tendon d'Achille…

Caractérisée par une douleur qui peut diminuer lors de l'échauffement et par une articulation qui peut être rouge et gonflée. Il faut absolument s'arrêter ! On applique de la glace et on fait des séances de kiné. Pour prévenir les tendinites, s'échauffer et pratiquer des étirements adaptés est incontournable. Un médecin devra évaluer le degré de gravité de la tendinite.

Par voie orale

• **Exemple d'infusion**
Prèle
Reine-des-prés
Achillée
En mélange à parts égales.
Une bonne cuillerée à soupe du mélange par tasse.
De 2 à 3 tasses par jour.

• **Teinture mère**
Harpagophytum
Généralement 25 gouttes 3 fois par jour
Ortie

• **Curcuma**
En poudre mélangée aux aliments généralement, 1 cuillerée à café, 3 fois par jour ou en gélules généralement de 3 à 6 gélules par jour.

• **Gemmothérapie**
Bourgeon de cassis
Macérat dilué 1D : 100 gouttes le matin et 50 gouttes le midi.
Macérat mère : 10 gouttes le matin, 5 gouttes à midi.

Par voie locale

• **Formule HE**
Les 3 premiers jours :
HE de menthe poivrée 2 gouttes
HE de gaulthérie couchée 1 goutte
HE de lavande officinale 1 goutte
Gel d'aloès 1 noisette
Appliquer sur la zone douloureuse 3 fois par jour.

Sur plus long terme
HE de menthe poivrée 40 gouttes
HE de gaulthérie couchée 40 gouttes
HE de lavande officinale 40 gouttes
Huile végétale de calophyllum 30 ml
Appliquer sur la zone douloureuse 3 ois par jour.

Formule pour les plus jeunes
HE de lavande officinale 2 gouttes
HE d'eucalyptus citronné 2 gouttes
HE de laurier noble 1 goutte
Dans une noisette d'huile végétale d'arnica

Traumatismes

Après un choc, il faut déterminer si le traumatisme est ouvert, fermé ou les deux…

Le traumatisme entraîne la libération de divers médiateurs chimiques ; la réaction inflammatoire se met en place au sein des tissus. L'inflammation intensifie et prolonge la douleur.

• **Traumatisme fermé**

Il n'y a pas de rupture visible de l'enveloppe cutanée. Il entraîne à la fois de la douleur et un épanchement de sang sous-cutané (un bleu, quoi) ou plus en profondeur selon la violence du choc. La douleur est d'autant plus forte que le choc s'est produit sur une surface de peau fine à un endroit osseux (tibia, rotule, crâne, coude…). L'application de froid doit être immédiate ; elle réduit l'intensité de la conduction et de la propagation des messages douloureux.

Par voie locale

Le menthol est une molécule dont le pouvoir antalgique est hautement efficace (voir chapitre La trousse aroma).

• **HE de menthe poivrée** en application locale directe
De 1 à 3 gouttes
Interdite aux enfants.

Quand l'application de menthe poivrée suit immédiatement le choc, on constate que la douleur est stoppée et que la formation de l'hématome est nettement réduite.

• **Traumatisme ouvert (coupure, blessure)**

Si la blessure longue et profonde nécessite une suture, il est possible d'utiliser des HE hémostatiques sur de plus petites blessures ou en attendant l'intervention.

Lors d'un traumatisme ouvert, une action hémostatique et cicatrisante est nécessaire.

Toute blessure (ouverture dans le revêtement cutané) engendre une possible complication infectieuse. Les HE présentent aussi l'avantage d'être antiseptiques et anti-infectieuses.

• **HE de ciste ladanifer**

Le Dr Pénoël parle de « suture aromatique » à propos de l'HE de ciste.

On applique 2 ou 3 gouttes d'HE de ciste ladanifer sur un morceau de coton que l'on applique directement sur la coupure. On peut recouvrir la zone d'un film plastique pour empêcher la réabsorption. Si le saignement est très abondant, il faut exercer une compression pour augmenter le processus hémostatique. On laisse le pansement 12 heures en place ; on pourra alors constater une bonne avancée dans la réparation tissulaire.

• HE de géranium

Elle présente l'avantage d'être beaucoup moins onéreuse que l'HE de ciste.

L'application est la même : quelques gouttes déposées sur un coton recouvert d'un film plastique étirable et d'un pansement légèrement compressif.

On peut laisser 12 heures en place.

• HE de tea tree (arbre à thé)

Antiseptique et microbicide, elle est à utiliser pour la désinfection. Elle est non agressive pour les tissus et peut être utilisée pure sur la plaie, à raison de quelques gouttes sur un coton, sans traumatiser la chair à vif.

Troubles digestifs

Ils peuvent bien sûr être dus au stress mais ils peuvent aussi être fréquents après un effort prolongé, car le sang est distribué dans les muscles en priorité et irrigue nettement moins les organes digestifs, la diminution serait de 50 à 80% du débit. Cela entraîne une hypoxie intestinale qui peut être tolérée sur plusieurs heures, mais qui peut aussi être la cause d'une dysfonction de la muqueuse, qui se manifeste par une malabsorption ou par une irritation mécanique pouvant être à l'origine de lésions, puis de saignement.

Après l'effort, le sang arrive de nouveau dans l'estomac et les intestins, entraînant potentiellement des troubles digestifs.

Les sportifs d'endurance, coureurs, marathoniens sont parfois sujets à de sévères diarrhées parfois sanguinolentes. L'intensité et la longueur de la course jouent un rôle prépondérant.

- **Ballonnements**

Le météorisme, malgré ce que l'on pourrait croire, n'est pas un avantage pour les coureurs…

Par voie orale

Formule ballonnements
HE de basilic
HE de menthe poivrée
1 goutte de chaque sur un support, ponctuellement selon les besoins
Interdites aux enfants.

Infusion
Graines de fenouil
1 cuillerée à café par tasse
De 2 à 3 tasses dans la journée.

Même si je n'ai pas consacré de fiche au fenouil dans le chapitre L'herboristerie du sportif, je l'indique ici parce que, dans ces cas-là, c'est lui le plus fort!

On peut écraser un peu les graines avant de les faire infuser pour optimiser l'extraction.

On le trouve aussi en teinture mère.

- **Constipation**

Par voie orale

- **Exemple d'infusion**

Guimauve
Gingembre
En mélange à parts égales.
Une cuillerée à soupe rase par tasse.

HE de gingembre

1 ou 2 gouttes sur un support ou dans une cuillerée à café d'huile d'olive

2 fois par jour

Pour les plus jeunes, on l'utilise diluée dans une huile végétale en massage abdominal dans le sens des aiguilles d'une montre.

• **Diarrhées**

Par voie orale

• **Infusion**

Thé vert

HE de citron

1 ou 2 gouttes sur un support

• **Nausées**

Par voie orale

• **Infusion**

Gingembre

On n'a pas forcément envie de boire si l'on a la nausée…

On peut faire une infusion bien concentrée de gingembre: une grosse cuillerée par tasse à boire par petites gorgées.

Formule nausées

HE (essence) de citron
HE de menthe poivrée
HE de gingembre
1 goutte de chaque sur un support selon les besoins
Ne pas dépasser 6 gouttes de menthe poivrée par jour.
Interdites aux enfants.

Utiliser uniquement 1 ou 2 gouttes d'essence de citron pour les plus jeunes.

• **Spasmes**

Par voie orale

Formule antispasmodique

HE de basilic
1 ou 2 gouttes sur un support à renouveler selon les besoins
Ne pas dépasser 6 gouttes de basilic par jour.
Interdite aux enfants.

• **Exemple d'infusion**

Mélisse
Achillée
Camomille noble
En mélange à parts égales.
Une bonne cuillerée à soupe du mélange par tasse.
De 2 à 3 tasses par jour.

- **Vomissements**

Par voie olfactive

HE de menthe poivrée

Déposer 1 ou 2 gouttes sur un mouchoir à respirer lentement et profondément, plusieurs fois selon les besoins.

Interdite aux enfants.

Par voie orale

Infusion

Comme pour les nausées, on peut faire une infusion bien concentrée de gingembre.

- **Formule après vomissement**

Si l'on est sûr de vomir, on évite d'absorber des HE avant, ça peut brûler la gorge…

HE de citron
HE de menthe poivrée
HE de basilic
1 goutte de chaque

Interdites aux enfants.

8. Les plantes et leurs actions principales

Nom	Propriétés principales	Indications
Achillée millefeuille	Anti-inflammatoire Antispasmodique Équilibrante hormonale	Traumatismes Contractures Douleurs
Aloès (gel)	Hydratant cicatrisant	Peau sèche, brûlures Excipient des HE
Arnica montana (huile)	Antiœdémateux Anti-inflammatoire	Coups, hématomes Chocs, traumatismes Excipient des HE
Ashwagandha	Adaptogène	Manque d'énergie
Aubépine	Hypotensive	Hyperexcitabilité cardiaque
Ballote	Sédative nerveuse	Irritabilité, insomnies
Camomille noble	Antispasmodique Anti-inflammatoire	Troubles nerveux Troubles digestifs
Cassis	Adaptogène Cortisone-like	Manque de résistance Douleurs
Curcuma	Anti-inflammatoire Antioxydant	Inflammations articulaires, musculaires, tendineuses
Échinacée	Immunostimulante	Baisse de l'immunité
Éleuthérocoque	Adaptogène	Fatigue physique et mentale
Fenugrec	Anabolisant	Baisse de performance
Frêne	Anti-inflammatoire Détoxifiant	Drainage de l'organisme
Gingembre	Tonifiant	Fatigue, faiblesse
Ginkgo biloba	Circulatoire Adaptogène Antioxydant	Baisse de l'attention, de la mémoire

Nom	Propriétés principales	Indications
Ginseng	Adaptogène	Baisse de performance
Guarana	Énergisant	Baisse de vigilance
Guimauve	Anti-inflammatoire Émolliente, adoucissante	Irritation des muqueuses respiratoires et intestinales
Harpagophytum	Anti-inflammatoire Antalgique	Douleurs musculosquelettiques
Maté	Stimulant général	Manque de résistance
Mélisse	Antispasmodique Anxiolytique Antioxydante	Troubles du système nerveux Insomnies
Millepertuis (plante)	Antidépresseur	Stress, dépression
Millepertuis (huile)	Anti-inflammatoire Cicatrisante	Brûlures Douleurs inflammatoires Excipient des HE
Ortie	Reminéralisante Tonifiante de l'organisme	Reconstruction osseuse et tissulaire
Passiflore	Sédative, anxiolytique	Troubles du système nerveux Insomnies
Plantain	Adoucissant anti-inflammatoire Antihistaminique	Irritation des muqueuses digestives et respiratoires
Prèle	Reminéralisante Diurétique	Reconstruction osseuse et tissulaire, drainage
Reine-des-prés	Anti-inflammatoire Antalgique	Douleurs musculosquelettiques Drainage
Rhodiole	Adaptogène	Manque d'endurance
Romarin	Tonifiant Antioxydant	Manque d'énergie
Schisandra	Adaptogène	Baisse de performance

Nom	Propriétés principales	Indications
Thé vert	Stimulant général Antioxydant	Manque d'énergie
Thym	Immunostimulant Antiseptique	Fatigue, surmenage
Tribulus	Anabolisant	Baisse de performance
Vigne rouge	Antioxydante Veinotonique	Fragilité capillaire sanguine

9. Tableau des propriétés principales des HE

Nom	Propriétés principales	Indications
Basilic tropical ou exotique	Antispasmodique +++ Neurorégulateur Anti-inflammatoire Antalgique	Aérophagie Spasmophilie
Bouleau jaune	Antispasmodique Anti-inflammatoire	Rhumatismes Crampes musculaires
Camomille noble	Antalgique Antispasmodique Sédative nerveuse	Choc nerveux Dystonie nerveuse Spasmes
Ciste ladanifer	Hémostatique +++ Cicatrisant Immunostimulant Antiviral	Saignements Ulcères, escarres
Citron (essence)	Protecteur hépatique Équilibrant nerveux	Nausées Fatigue
Épinette noire	Cortisone like +++ Tonique général	Asthénie Spasmes émotifs
Eucalyptus citronné	Anti-inflammatoire Antirhumatismal +++ Antalgique	Rhumatismes Arthrite, arthrose Tendinites
Gaulthérie couchée	Anti-inflammatoire+++ Antalgique Chauffante	Rhumatismes, arthrose Tendinites Entorses Traumatismes, contusions

Nom	Propriétés principales	Indications
Géranium bourbon	Hémostatique Antibactérien, antifongique Tonique cutané Relaxante antispasmodique	Dermatologie (eczéma, acné) Mycoses Brûlures, coupures Stress, anxiété
Gingembre	Anti-inflammatoire Chauffant Digestif antinauséeux	Douleurs musculaires et articulaires Troubles digestifs
Hélichryse italienne	Antihématome +++ Anticoagulant Fluidifiant sanguin Cicatrisant cutané	Bleus Phlébites Cicatrices
Laurier noble	Antalgique Régulateur nerveux	Douleurs musculaires Dystonies neurovégétatives
Lavande officinale	Antispasmodique+++ Calmante, apaisante Cicatrisante Anti-inflammatoire	Stress, anxiété, dépression Dermatoses Brûlures Contractures musculaires Crampes
Lavandin super	Antispasmodique Décontractant musculaire	Crampes, contractures Nervosité
Lentisque pistachier	Décongestionnant veineux et lymphatique Phlébotonique	Varices Drainage lymphatique

Nom	Propriétés principales	Indications
Marjolaine	Antispasmodique Tonique ET calmante Neurotonique Rééquilibrante nerveuse	Agitation, excitation, stress, vertiges, irritabilité Dépression Dystonies neurovégétatives
Menthe poivrée	Stimulante +++ Digestive Antalgique Anesthésiante locale Hépatoprotectrice	Migraines Asthénie physique et mentale Nausées, vomissements Chocs, coups, entorses
Poivre noir	Chauffante	Tensions musculaires
Petit grain bigarade	Antispasmodique Rééquilibrant nerveux et de la sphère émotionnelle	Dystonies neurovégétatives Stress, insomnies, surmenage Palpitations, arythmie
Romarin à camphre	Décontractant musculaire Cardiotonique Hypotenseur	Contractures, crampes Hypertension
Tea tree	Anti-infectieux Immunostimulant Fongicide	Infections buccales, cutanées, ORL… Mycoses

Pour conclure

J'ai expérimenté l'éleuthérocoque sous forme de teinture mère pendant toute l'écriture de ce livre. C'est du sport aussi un peu ! Plutôt cérébral, d'accord… qui requiert quand même concentration, attention, énergie et confiance en soi.

J'ai ressenti les effets au fur et à mesure des semaines et j'ai terminé ce livre avec une pêche d'enfer ! La fatigue des débuts s'est peu à peu dissipée, que ce soit physiquement (rester des heures devant l'ordi) ou au niveau cérébral. J'ai senti que le mental, le moral, s'améliore aussi. Nous sommes pourtant en décembre 2020, encore confinés, masqués, flippés… mais l'énergie que je ressens se répercute aussi, bien agréablement, sur mon humeur.

Bibliographie

Ouvrages

• ANDRIANNE (P.), *La Gemmothérapie : médecine des bourgeons*, Éd. Amyris.

• AVRAMOV (Y.), *Ces précieuses plantes de Méditerranée*, Éd. Edisud.

• BAUDOUX (D.), *L'Aromathérapie : se soigner par les huiles essentielles*, Éd. Amyris.

• BOISVERT (C.), *100 plantes et remèdes naturels*, Éd. de La Martinière.

• BOSSON (L.), *L'Hydrolathérapie*, Éd. Amyris.

• BRUNETON (J.), *Pharmacognosie, phytochimie, plantes médicinales*, Éd. Tec & Doc, 3e édition.

• CLERGEAUD (C. et L.), *Les Huiles végétales*, Éd. Amyris.

• FAUCON (M.), *Traité d'aromathérapie scientifique et médicale*, Éd. Sang de la terre, 3e édition.

• FRANCHOMME (P.), JOLLOIS (R.) et PÉNOËL (D.), *L'Aromathérapie exactement*, Éd. Roger-Jollois.

• LIEUTAGHI (P.), *Le Livre des bonnes herbes*, Éd. Actes Sud.

• MOREL (J.-M.), *Traité pratique de phytothérapie*, Éd. Grancher.

• PÉNOËL (D. et R.-M.), *Urgences et soins intensifs en médecine aromatique intégrée*, Éd. Osmobiose.

• Roux-Sitruk (D.) et Scimeca (D.), *Le Dictionnaire des huiles essentielles*, Éd. Alpen.

• Valnet (J.), *La Phytothérapie*, Éd. Maloine.

• Valnet (J.), *L'Aromathérapie*, Éd. Maloine.

• Weiss (R.F.) et Fintelmann (V.), *Manuel pratique de phytothérapie*, Éd. Vigot.

Revues

• *La Phytothérapie européenne*, n° 106, p. 17, Dr Taifour (L.) – n° 64, « Sport et médecines complémentaires » – n° 65, p. 5, Dr Van Snick (G.) – n° 68, p. 11, Annelise Lobstein.

• A Systematic Review and Meta-Analysis. *Nutrients* 2020. Pérez-Gómez (J.), Villafaina (S.), Adsuar (J.C.), Merellano-Navarro (E.), Collado-Mateo (D.), « Effects of Ashwagandha (*Withania somnifera*) on VO_2 max ».

• *Revue médicale suisse*, 10 août 2011 – 7 : 1525-8 – Dr Gremion (G.), « Troubles gastro-intestinaux et activités sportives »

Documents

• Rechik (V.), Lindsay (M.) et Nowak (A.), « Sport et santé : les blessures chez les sportifs ».

• Inchauspé (I.), Izard (P.) et Sudres (J.), « Profil psychologique et sport de haut niveau : entre banalités et singularités : Résultats d'une recherche », 2010, Empan, 79(3), 52-60. https://doi.org/10.3917/empa.079.0052

• Lascombes (P.), Mainard (L.), Haumont (T.) et Journeau (P.), « Traumatismes sportifs de l'enfance et de l'adolescence et leur prévention », Bull. Académie nationale Médecine, 2010, 194, n° 7, 1249-1267, séance du 5 octobre 2010.

• Moisseeff (M.) et Richard (M.), « Les odeurs peuvent-elles modifier nos comportements ? » https://www.agrobiosciences.org/IMG/pdf/05061-MPunivMaaARO.pdf

Carnet d'adresses

Pour se fournir en HE, hydrolats, plantes sèches… voici des adresses Internet de sites sérieux et intéressants où trouver des informations et acheter des produits.

Pour s'informer et/ou acheter des huiles essentielles bio

https://www.compagnie-des-sens.fr
https://www.pranarom.com
https://www.essenciagua.fr
https://www.origine-naturelle.com (revendeur parfois moins cher)
https://www.aromabio.fr (revendeur parfois moins cher)

Pour acheter des hydrolats bio

http://www.essenciagua.fr
http://www.florihana.com

Pour acheter des plantes sèches ou transformées (teintures et autres) bio

https://www.comptoirdherboristerie.com
https://www.pharmacie-fleurentin.fr/pages/herboristerie/herboristerie.html
https://legattilier.com
https://www.fermedesaussac.fr
https://www.herboristerie.com

Sites intéressants à propos des plantes médicinales

https://www.altheaprovence.com
https://www.creapharma.ch/plante_medicinale.htm
http://www.lepetitherboriste.net

Index des maux

A

B

C

D

E

F

G

H

I

L

M

N

O

P

R

S

T

U

V

Y

Glossaire

Adaptogène : substance active qui améliore la stabilisation des processus physiologiques et augmente l'homéostasie*, avec une diminution de la sensibilité cellulaire au stress.

Alcaloïde : molécule, extrait d'un végétal, ayant une activité thérapeutique intense (quinine, morphine, éphédrine).

Aménorrhée : absence de règles.

Anabolisant : substance optimisant la capacité de l'organisme à transformer les nutriments en tissus musculaires.

Antifongique : substance utilisée pour combattre les champignons microscopiques, les infections qu'ils engendrent et toutes les formes de mycoses.

Asthénie : état de faiblesse générale qui n'est pas lié à l'effort et ne disparaît pas au repos.

Bêtabloquant : substance utilisée en cardiologie qui ralentit et renforce les contractions du cœur.

Caroténoïdes : pigments jaunes et orange liposolubles, ils sont antioxydants et synthétisent les anticorps chez l'animal sportif.

Chélation : processus visant à éliminer la présence de métaux nuisibles dans l'organisme.

Cognition : ensemble des processus psychiques liés à l'esprit qui se rapportent à la fonction de connaissance et mettent en jeu la mémoire, le langage, le raisonnement, l'apprentissage, l'intelligence, l'organisation, la résolution de problèmes, la prise de décision, la perception, l'attention, la coordination des mouvements…

Coumarines : substances aromatiques (odeur de foin coupé et de vanille) aux propriétés antiœdémateuses (traitements anticoagulants).

Cryobroyage : technique de broyage d'une plante à des températures extrêmement basses (–196 °C) permettant de conserver intacts tous les principes actifs de celle-ci.

Dermocaustique : qui provoque une forte irritation, voire une brûlure de la peau.

Diurèse : volume des urines.

Diurétique : qui augmente la diurèse pour favoriser l'élimination de sels (sodium) en excès. Certains médicaments diurétiques sont prescrits dans des cas d'hypertension artérielle, d'insuffisance cardiaque. Ils sont inscrits sur la liste des produits dopants car ils favorisent la perte de poids (de gras).

Dystonie : trouble neurologique entraînant des anomalies du tonus musculaire.

Dyspnée : sensation d'inconfort respiratoire dont les causes peuvent être pulmonaires, cardiaques ou nerveuses.

Emménagogue: facilite ou augmente l'évacuation des règles.

Émollient: propriété d'une substance de ramollir les tissus (mucilages).

Endorphines: hormones sécrétées au niveau du cerveau, libérées après environ une trentaine de minutes de pratique sportive, elle est source de plaisir, d'extase ou d'euphorie et antalgique.

Flavonoïdes: pigments de coloration jaune, orange présents dans le pissenlit, les agrumes.

Hémolyse: processus physiologique (normal) de destruction des «vieux» globules rouges. Elle devient pathologique lors d'une destruction anormale, précoce.

Hétérosides: molécules végétales qui exercent une action sur la sphère cardiaque (contraction du muscle cardiaque, ralentissement du rythme cardiaque et diminution de la résistance artérielle).

Homéostasie: capacité d'un système à conserver son équilibre.

Iridoïdes: métabolites dérivés des monoterpènes présents chez des végétaux (et certains animaux comme les fourmis du genre *Iridomirmex* à qui elles doivent leur nom), dont les propriétés pharmacologiques peuvent être cardiovasculaires, antihépatotoxiques, hypoglycémiantes, analgésiques, anti-inflammatoires, antispasmodiques, antivirales…

Myorelaxant: qui a pour effet de décontracter les muscles.

Polyphénols ou composés phénoliques : groupes de molécules répandues dans le règne végétal, aux propriétés antioxydantes. Ils comprennent les acides phénoliques, les coumarines, les flavonoïdes, les tanins et la lignine. Ils sont responsables de la couleur et de l'arôme des végétaux.

Polysaccharides : molécules de réserve (glucose, amidon) ou de structure (cellulose, chitine) chez les végétaux ou les animaux. Ils sont constitués de plusieurs « oses » (sucres). On y trouve entre autres les mucilages, la pectine, etc. Ils possèdent des propriétés favorables sur la sphère intestinale.

Prostaglandines : substances dérivées d'acide gras présentes dans de nombreux tissus de l'organisme et intervenant dans certains processus biologiques (agrégation plaquettaire, circulation sanguine, sécrétions gastriques, contraction de l'utérus, inflammations).

Révulsif : qui provoque une irritation locale utilisée pour faire cesser un état congestif ou inflammatoire.

Rhizome : tige souterraine capable de produire de nouvelles plantes à partir de ses bourgeons.

Saponines, saponosides : molécules aux propriétés tensioactives (moussantes dans l'eau), matière première dans l'élaboration de molécules médicamenteuses stéroïdiques. Selon le type, elles peuvent avoir des propriétés anti-inflammatoires, expectorantes, circulatoires, dermatologiques. Elles sont toxiques pour les animaux à sang froid.

Spasmolytique, antispasmodique : décontracte les muscles douloureux en agissant sur l'influx nerveux.

Stéroïdes : catégorie de lipides animaux ou végétaux, comme la vitamine D, le cholestérol, les hormones sexuelles (œstrogènes, progestérone, testostérone, androstérone).

Sympatholytiques : substances qui diminuent ou suppriment les effets de la stimulation du système sympathique. Celui-ci est responsable du contrôle d'activités automatiques comme le rythme cardiaque, la contraction des muscles lisses, il a plutôt une fonction d'accélération de l'organisme, pour préparer ce dernier à l'action. Le système parasympathique, quant à lui, joue plutôt un rôle de ralentissement des fonctions de l'organisme, dans un objectif de conservation de l'énergie.

Synergie : association de plusieurs facteurs agissant en commun pour créer un effet global, renforçant les effets isolés de chacun.

Tanins : substances végétales (polyphénols) hydrosolubles qui possèdent la capacité de resserrer les tissus et de modifier la perméabilité membranaire.

Thrombose : caillot qui se forme dans un vaisseau sanguin, pouvant provoquer l'interruption du flux.

Thromboxane : substance proche des prostaglandines, qui favorise l'agrégation plaquettaire lors d'une lésion. Elle peut en revanche provoquer un caillot (thrombose) ; des médicaments comme l'aspirine sont généralement prescrits par les médecins pour en inhiber la production.

Topiques : soins qui s'appliquent à la surface du corps.

Tryptophane : acide aminé essentiel constituant des protéines et précurseur de la sérotonine.

Notes

1. Rechik (V.), Lindsay (M.) et Nowak (A.), « Sport et santé : les blessures chez les sportifs ».

2. *Ibid.*

3. Rechik (V.), Lindsay (M.) et Nowak (A.), « Sport et santé : les blessures chez les sportifs ».

4. Lascombes (P.), Mainard (L.), Haumont (T.) et Journeau (P.), « Traumatismes sportifs de l'enfance et de l'adolescence et leur prévention ».

5. Morel (J.-M.), *Traité pratique de phytothérapie*, Éd. Grancher, 2008.

6. *Ibid.*

7. *La Phytothérapie européenne*, n° 106.

8. *La Phytothérapie européenne*, n° 65

9. *La Phytothérapie européenne*, n° 65.

De la même autrice aux Éditions Jouvence

Ma phyto au féminin

Syndromes prémenstruels, grossesse, ménopause...

Menstruations, grossesse, ménopause... en tant que femme, ces différentes étapes rythment notre existence. L'objectif de ce livre est d'offrir aux lectrices une **palette de plantes spécifiques des troubles féminins dans laquelle piocher** à différents moments du cycle et de la vie. Du corps aux émotions, de l'organique au subtil, les plantes agissent pour nous offrir le **mieux-être,** l'**écoute intérieure** et l'**apaisement** dont nous avons besoin.

128 pages • 9,90 €

Crédits intérieurs : photographies des plantes :
© Virginie Peytavi, sauf Adobe Stock pour :
p. 81 : ©JPC-PROD, p. 4, 81 : ©joey333, p. 79, 139 : © Václav Mach,
p. 49, 79 : © Maxal Tamor, p. 117 :© gratysanna, p. 119 :© sommai,
p. 76 :© Anna, p. 74 :© nedim_b, p. 123 :© Sergey Rybin,
p. 72 :© nunawwoofy, p. 126 :© Gabriela Bertolini, p. 116 :© amy_lv,
p. 64 :© Lumistudio, p. 115 : © bjphotographs, p. 125 :© imago1956rs,
p. 83 :© chamillew, p. 120 : © Scisetti Alfio, p. 78 :© Hana, p. 110 :
© ChrWeiss, p. 90 : © geshas, p. 131 : © Virtexie, p. 73 : © guentermanaus,
p. 92 : © Volodymyr, p. 47 : © WR.LILI, p. 82 : © Milan Noga reco, p. 65 :
© Swapan, p. 80 : © aga7ta, p. 128 : © Classic, p. 91 : © iamtk, p. 111 :
© vladk213, p. 60 : © roelmeijer, p. 77 : © Anderson, p. 84 : © Gerry, p. 114 :
© IgorZh, p. 94 : © Maria Curtis, p. 70 : © seramoje, p. 45 : © mescioglu,
p. 67 : p. 129 : © olgabungova, p. 129 : © umskaia, p. 69 : © Valery
Prokhozhy, p. 112 : © Christin Lola, p. 88 : © Kersti Lindström, p. 93 :
© simona, p. 58 : © Gummy Bear, p. 61 : © orestligetka, p. 75 : © Roger de
la Harpe, p. 25, 41, 133 : © VectorMine, p. 107, © artinspiring

Dépôt légal : avril 2021
Achevé d'imprimer en mars 2021
Imprimé en Croatie par GZH